LE TOMBEAU

DE

JACQUES MOLAI,

OU

HISTOIRE SECRÈTE

ET ABRÉGÉE

DES INITIÉS,

ANCIENS ET MODERNES,

DES TEMPLIERS, FRANCS-MAÇONS, ILLUMINÉS, etc.

Et recherches sur leur influence dans la révolution française; suivie de la Clef des Loges.

SECONDE ÉDITION.

Ni l'or, ni les honneurs ne payeroient mon silence.

A PARIS.

Chez Desenne, Imprim.-Lib. Palais Égalité, Nos. 1 et 2.

L'an V de l'Ère française.

1/2 6 42

AU LECTEUR.

J'ÉTOIS condamné à mort; j'étois dans les cachots, lorsque j'ai fait paroître, pour la première fois, cet ouvrage. Le tribunal qui depuis m'a rendu la liberté, pouvoit céder à des considérations politiques et m'envoyer à l'échafaud, comme tant d'autres victimes..... Je ne voulais pas emporter avec moi un secret qui pouvait être utiles a mes concitoyens; je l'ai publié : mais n'ayant alors d'autres ressource que ma mémoire, je n'ai pu jeter sur la conduite des *Initiés* tout le jour qu'il était nécessaire d'y répandre. J'espère que cet ouvrage laissera maintenant peu de choses à désirer; et s'il ne dit pas tout ce qu'on voudrait peut-être savoir, il indique au moins toutes les sources où l'on peut puiser l'instruction sur une secte abominable, qui, semblable a l'antique Prothée, prend toutes les formes, verse, en se jouant, des flots de sang humain, corrompt la morale du peuple, et spolie les propriétés....; hydre à cent têtes, qu'il semble impossible d'abattre, si le gouvernement ne veut pas saisir la massue d'Hercule.

Accipe nunc danaum insidias et crimine ab uno
Disce omnes ......

CADET GASSICOURT.

LE TOMBEAU

DE

JÁCQUES MOLAI.

L'observateur philosophe, qui, sans appartenir à aucun parti, étudie, dans le silence du cabinet; celui qui tient la plume de l'histoire, et qui s'est chargé de la pénible fonction de transmettre à la postérité les annales de nos vertus et de nos crimes, pourront-ils se rendre compte de la cause de toutes les fluctuations, de tous les événemens bizarres, étonnans ou atroces qui se succèdent avec tant de rapidité, et dont le paisible ami de l'ordre est le jouet depuis sept ans. Non, sans doute, un voile impénétrable doit peut-être couvrir à ja-

A 2

mais les ressorts compliqués de nos révolutions.

On reconnoît bien, dans les vain-
queurs de Gemmappe et de Fleurus, les
mêms F ançais qui triomphèrent sous
Créqui, Turenne et Catinat. Ce peuple
qui, plein d'une aveugle rage, massacre
des prisonniers sans défense, qui insulte
avec fureur les meilleurs citoyens con-
duits à l'échafaud; qui, burlesquement
féroce, se console par des chansons, des
maux les plus cruels, est bien ce même
peuple qui dévora les restes sanglans du
maréchal d'Ancre; ce même peuple qui,
le lendemain de la Saint-Barthélemy,
chantoit dans Paris, *passio Domini nos-
tri Gaspardi Coligni secondùm Bartho-
lomeum*. Mais incapable de juger ce
qu'il fait, quelle est la main qui le dirige.

J'ai lu l'histoire des proscriptions;
celles des Juifs, des Chrétiens, de Mi-

thridate, de Marius de Scylla, des Triumvirs, les boucheries de Théodose et de Théodora, les fureurs des Croisés et de l'inquisition, les supplices des Templiers, l'histoire des massacres de Sicile, de Merindol, de la Saint-Barthélemy; ceux d'Irlande, du Piémont, des Cévennes, du Nouveau-Monde. J'ai frémi en comptant vingt-trois millions cent quatre-vingt mille hommes froidement égorgés, POUR DES OPINIONS! Mais je n'ai vu, dans chacun de ces attentats, qu'une seule cause, et nos malheurs semblent produits par toutes celles qui, dans des siècles de barbaries, ont fait verser le sang des hommes.

Interrogez séparément un historien, un calculateur, un philosophe, un politique; demandez-leur quel est le démon dévastateur qui déchire la France, qui épuise la population, qui corrompt la morale, qui bouleverse les propriétés, qui ruine le trésor public; demandez-leur aussi quel est le génie créateur qui familiarise le peuple avec les idées de la saine philosophie, qui lui enlève les préjugés et lui fait adopter de sages institutions; demandez-leur qu'ils débrouillent ce chaos, ce mélange étonnant de vertus et de forfaits, de courage et de lâcheté, de génie et de stupidité; ils vous répondront tous différemment.

L'un supposant le peuple agissant par lui-même, et toujours pour le bien, attribuera tous les malheurs de la révolution à la faction de l'étranger. En voyant les rôles distribués aux suisses *Pache* et *Marat*, à l'autrichien *Proly*, à l'espagnol *Gusman*, au prussien *Clootz*, au polonois *Lazousky*, à l'italien *Buonarotti*, au prince Charles de Hesse, à Miranda, Marchena, Westermann.

Wimpfen, Kellermann, etc. etc. etc.,
il tentera de démontrer comment la
France à toujours été la victime de ses
ennemis naturels. Ce système peut acquérir beaucoup de vraisemblance.

L'autre croira tout expliquer, en
vous faisant l'histoire des préjugés et
des passions humaines. Selon lui, l'orgueil de la noblesse, l'avarice des parlemens, le fanatisme des prêtres, l'esprit
de corps, l'amour de la nouveauté, l'ambition, sont les seuls élémens de nos
troubles.

Celui-là s'imaginera (peut-être avec
fondement) reconnoître dans les excès
populaires la vengeance des protestans
proscrits par la révocation de l'édit de
Nantes.

Un quatrième, partisan de la fatalité,
ne verra d'autre cause motrice que le
hasard. S'il est superstitieux, il vous
parlera de la fameuse prophétie de Saint

(10)

Césaire, qui attira, il y a deux ans, tant de curieux à la bibliothèque, et qui se termine par promettre que *le jeune prisonnier qui recouvrera la couronne des lys, et dominera sur l'univers entier, étant rétabli sur son trône, détruira les enfans de Brutus....... (1)*; ou bien il vous citera la vision de Childéric, rapportée dans *le Trésor de l'Histoire de France (2)*. Comme ce morceau recherché des fatalistes n'est pas très-connu, on me saura gré de le transcrire ici. Le voici :

_____

(1) *Juvenis captivatus qui recuperabit coronam liliri et dominabitur per univers in orbem, fundatus, destruet filios Bruti.....* Extrait du *Liber Mirabilis* déposé à la Bibliothèque nationale, sous le n°. 2537. *Voyez* page 55 et suivantes.

(2) Imprimé à Rouen en 1650, chez Antoine Ferrand, dédié à M. de Machault.

« Basine la premiere nuit de ses nop-
„ ces avec le roi Childeric le pria de
„ s'abstenir *de compulation charnelle* et
„ qu'il eut à se tenir à la porte de son
„ palais. Il y alla et vit en la cour,
„ comme des licornes, léopards et lions.
„ Cela vu, s'en retourna tout épouvanté
„ en sa chambre, et le raconta à la roy-
„ ne, laquelle le pria d'y retourner pour
„ la seconde fois; ce qu'il fit et vit com-
„ me des ours, loups et autres bestes
„ ravissantes courant sur les unes les
„ autres. Estant revenu annonça à la
„ royne sa vision, laquelle le pria a
„ grande instance d'y retourner : lors il
„ lui sembla voir des chiens, des chats
„ *avec autres petits animaux* qui se
„ mordoient et se déchiroient l'un l'au-
„ tre. Au matin, la royne lui expliqua
„ ses visions, disant que de leurs semen-
„ ces sortiroient nobles rois forts, et vail-
„ lans comme licornes et lions ; que la

,, seconde lignée seroit encline à la rapi-
,, ne, comme loups et ours : et par les
,, chiens et chats qui se battoient étoit
,, signifié que vers la fin de la monarchie
,, ceux qui tiendroient la couronne se-
,, roient sans vertu, vicieux et avares;
,, et les petits animaux dénotoient *le*
,, *populaire* qui s'entretueroit l'un l'au-
,, tre. ,,

Tout homme sensé lève les épaules en
lisant de pareilles puérilités, ou tout au
plus il rit de la sage précaution de Basine, qui attend, pour expliquer la vision
du roi, qu'il ait complètement rempli
son devoir marital; tout philantrope sou-
haitera qu'il n'y ait pas plus de réalité
dans les révélations suivantes.

Je vais parler des Adeptes, des Initiés,
des Francs-Maçons, des Illuminés; dé-
voiler leurs terribles mystères, leurs attentats politiques, et faire connoître les

influences qu'ils ont eu dans notre révolution.

Citoyens, qui voulez la liberté de tous, connoissez vos ennemis intérieurs, vos assassins; et vous, puissans dépositaires du pouvoir exécutif, si nul de vous n'a juré sur la tombe de *Molai*, hâtez-vous de délivrer la France, ou tremblez pour vous-même.

L'homicide confédération des Adeptes dure depuis six siècles. Ils armèrent Harpocrate d'un poignard et leur secret fut gardé. Tout est nou au dans leur histoire, et l'on me p   era de remonter à son origine.

Après les croisades, des chevaliers se consacrèrent à la défense du Saint-Sépulchre, et s'établirent, en 1118, à à Jérusalem, sous le nom de Templiers ou chevaliers de la Milice du Temple. Le

B

roi Beaudouin II leur donna une maison
située auprès de l'église de Jérusalem,
qu'on disait avoir été autrefois le temple
de Salomon. Après la ruine de Jérusalem, en 1186, les Templiers se répandi-
rent dans tous les Etats de l'Europe,
firent de nombreux prosélytes, et s'en-
richirent aux dépens de tous les Etats.
En 1312, ils possédoient en Europe
neuf mille seigneuries. De si grands
biens excitèrent l'envie, leur firent beaucoup d'ennemis ; et Philippe-le-Bel, se-
condé par le pape Clément V, dont ils
refusaient de reconnaître l'autorité, ré-
solut de les faire périr. Leur histoire est
écrite par M. Dupui; mais ce que cet
écrivain ne savoit pas, c'est que ces chevaliers, qui s'étoient juré *fraternité,*
étoient convenus entreux de signes et
de paroles pour se reconnoître par toute
la terre ; c'est qu'ils tenoient effective-
ment des assemblées mystérieuses, et

que, déguisant leurs intentions sous des cérémonies symboliques, ils formèrent le projet d'usurper la souveraineté de tous les Empires, comme ils avoient usurpé les plus grands biens de l'Europe.

L'ambition et l'indépendance de ces nouveaux sectaires étaient par-tout citées comme des exemples de scandale. Un ecclésiastique ayant osé dire à Richard-cœur-de-Lion qu'il ferait bien de se dé-faire de trois méchantes filles qu'il entre-tenoit, *l'ambition*, *l'avarice* et la *luxure;* le prince se tourna vers ses courtisans, et leur dit : Vous entendez cet hypocrite; pour suivre son conseil, je donne mon ambition aux *Templiers*, mon avarice aux moines, et ma luxure aux prélats (1).

Philippe-le-Bel envoya un ordre à tous

_____

(1) Pièces intéressantes et peu connues de Laplace, tom. 2.

les officiers du royaume, pour arrêter les chevaliers du Temple; et le 13 octobre 1313, ils furent tous saisis en France. Le pape publia des bulles pour engager les puissances à imiter Philippe-le-Bel. La Castille, l'Arragon, la Sicile et l'Angleterre obéirent.

A cette époque, le peuple étoit mécontent du gouvernement; déjà la rigueur des impôts et la malversation du conseil de Philippe-le-Bel dans les monnoies, avoient exité une sédition dans Paris en 1306. On répandit que les Templiers avoient fomenté cette révolte; la cour rappeloit qu'ils avoient blâmé la rigueur tyrannique du roi envers Enguerrand de Marigny et Barbette, prévôt de Paris. Le véritable motif de la persécution était le désir de s'emparer de leurs biens; mais on chercha tous les prétextes plausibles de les rendre odieux.

Ils furent accusés, devant une *Commission*, de renier *J. C.*, de fouler aux pieds le crucifix, d'adorer une petite idole appelée *Baffomet* : de se livrer, dans leurs assemblées secrètes, à des prostitutions anti-physiques.

Jacques Molai, Grand-Maître de l'ordre, étoit en Chypre, ou il faisait vaillamment la guerre aux Turcs. Sur les ordres du pape, il vint à Paris, et fut mis à la Bastille (1). Du fond de sa prison, il créa quatre loges-mères : savoir, pour l'Orient, *Naples* : pour l'Occident, *Edimbourg* : pour le Nord, *Stockholm* : et pour le Midi *Paris*.

Cependant, soixante-neuf chevaliers, après avoir souffert les plus grandes tortures, furent brûlés vifs à la porte Saint-

---

(1) La Bastille n'étoit alors qu'une porte de ville flanquée de deux tours.

B 2

Antoine. Jacques Molai, et Guy Dauphin d'Auvergne, furent jetés dans les flammes, le 18 mars 1314, à la même place ou étoit la statue équestre d'Henri IV. En montant sur le bûcher, Molai harangua le peuple avec courage, annonça le jour et l'heure ou périroient le roi et le pape. Bossuet et Hugues des Payens conviennent que sa prédiction s'est vérifiée.

Ce qui fait croire que le pape et Philippe moururent empoisonnés par les Templiers, c'est que les historiens ne qualifient pas la maladie du roi, ni celle de Clément. L'un dit : *Le pape étant tourmenté de fâcheuses et cruelles maladies, mourut en route, comme il alloit à son pays natal.* L'autre parlant du roi, dit " Sur cela, il tomba ma-
,, lade, soit de fâcherie, soit de quelque
,, indisposition naturelle, ou d'avoir

,, trop ardemment couru un lièvre, ou
,, de quelqu'autre cause *plus cachée et*
,, *plus méchante* (1) ,,.

Il n'est resté de la première institution que l'ordre de Malte.

Le lendemain de l'exécution de Molai, le chevalier Aumont et sept Templiers, *déguisés en Maçons*, vinrent
recueillir les cendres du bûcher. Quinze
jours après, le nommé *Squin de Flo-
riau* chevalier apostat, qui avait dé-
noncé l'ordre, meurt assassiné. Le pape
le fait enterrer à Avignon et le béatifie;
mais les Templiers enlèvent son corps
de son tombeau, et y déposent les cendres de Jacques Molai. Alors les quatre
loges de Francs-Maçons créées par le

---

(1) *Voyez* Moréri, article Molai ; Mézerai,
dans la vie de Philippe IV ; Dupuy, Histoire
des Templiers.

Grand - Maître s'organisent, et tous
les membres y prêtent serment D'EXTER-
MINER TOUS LES ROIS ET LA RACE DES
CAPÉTIENS, DE DÉTRUIRE LA PUISSANCE
DU PAPE; DE PRÊCHER LA LIBERTÉ DES
PEUPLES, ET DE FONDER UNE RÉPUBLIQUE
UNIVERSELLE.

Pour n'admettre à leur vaste projet
que des hommes sûrs, ils inventèrent les
loges ordinaires de maçonnerie, sous le
nom de Saint-Jean, de Saint-André. Ce
sont celles que l'on connoissoit en France, en Allemagne, en Angleterre; sociétés sans secret, dont les pratiques ne
servent qu'à donner le change, et à faire
connoître aux vrais Maçons les hommes
qu'ils peuvent associer à la grande conspiration (1). Ces loges, que je pourrois

(1) Les cérémonies usitées dans les simples
loges sont des allégories de l'histoire des Tem-

appeler préparatoires, ont un but d'uti-
lité réelle ; elles sont consacrée à la bienfaisance, et elles ont établi entre les
différens peuples des liens de fraternité
infiniment estimables ; aussi vit-on les
hommes les plus vertueux rechercher
avec empressement de pareilles sociétés.
Les vrais Templiers ou *Jacobins* ne
tiennent point loge. Leurs assemblées
s'appellent *Chapitre*. Il y a quatre chapitres, un dans chaque ville désignée par
Jacques Molai, et composé chacun de
vingt-sept membres. Leur mot d'ordre
est *Jakin Boos Mac-benach Adouai*,
1314, dont les lettres initiales sont celles de *Jacobus burgundus Molai beat
anno Domini*, 1314. Les autres mots

---

pliers ; allégories qu'on n'explique qu'au grade
de *Cadosch*. On trouvera à la fin de cet ouvrage cette explication.

sacramentels sont Kadosch, qui signifie *régénérateur*; Nckom, *rengeance*; Paul Kal Pharaskal, *qui met à mort les profanes.* Quand ils s'abordent dans leurs assemblées, ils se prennent les mains comme pour se poignarder. Ils portent pour se reconnaître un anneau d'or émaillé de rouge; et dans le cas de danger, ils ont sur la poitrine une croix de Malte de drap écarlate. Lorsqu'il entrent dans une loge, ils ont seuls le droit de traverser dans le milieu du tapis qui est vis-à-vis le trône. Tous les Francs-Maçons des loges ignorent qui ils sont.

Cet esprit de rapine, cette vengeance héréditaire, ce fanatisme régicide sont difficiles à concevoir dans des hommes dont l'association primitive étoit consacrée par la religion. On en trouvera peut-être l'origine dans leurs liaisons avec le *vieux de la Montagne*, ce bri-

gand fameux établi entre Damas et An-
tioche. Il faut se rappeler qu'après les
croisades, la Palestine fut ravagée par
un prince de la famille des Arsacides,
nommé *Ehissessin* (dont les Français,
dit Voltaire, ont composé le mot assassin). Cet homme étonnant, maître de
douze ville autour de Tyr, avoit un
vaste palais au milieu des montagnes :
c'est là qu'il élevoit un grand nombre
de jeunes gens à obéir aveuglément à ses
ordres; il les enivroit, les transportoit
dans des jardins enchantés où tous les
plaisirs leur étoient offerts.

Les parfums les plus suaves, les mets
les plus exquis, les chants les plus mé-
lodieux, les femmes les plus belles char-
moient ces jeunes néophites, et allu-
moient à la fois dans leur cœur les passions les plus impétueuses : alors un
sommeil forcé les livroit au vieux de la

Montagne, qui prenant, à leur réveil,
le ton d'un inspiré, leur disoit :

« Elus de l'Eternel, vous qu'il a choi-
,, sis pour servir sa vengeance, soumet-
,, tez-vous à sa volonté suprême ; méri-
,, tez les bienfaits qu'il vous destine, et
,, dont sa bonté paternelle vous à déjà
,, fait goût   en songe les prémices. Oui,
,, ces volu.... pures, qui, pendant le
,, délire ou vous avez été plongés , ont
,, enivré vos sens, ces plaisirs enchan-
,, teurs dont la vive impression semble
,, étonner encore vos esprits, ne sont qu'u-
,, ne image imparfaite des béatitudes inef-
,, fables qu'il réserve à ceux qui savent
,, exécuter les décrets de sa justice....
,, L'Eternel a voulu que les hommes fus-
,, sent libres ; et par-tout les hommes
,, sont opprimés ; il a voulu qu'ils fussent
,, heureux, et la terre est partagée entre
,, quelques tyrans qui ne connoissent de

,, lois que leur intérêt... Allez, et que
,, leur sang impur, versé par vos mains
,, généreuses, vous ouvre pour jamais
,, les portes du céleste Eden ,,.

Si la ruse réussissoit, il les armoit
d'un poignard, et les envoyoit assassiner
les rois. C'est par eux que périrent, en
1213, Louis de Bavière, un des meilleurs princes de son siècle. Les Templiers
leur firent long-temps la guerre; et
n'ayant pu les détruire, ils se contentè-
rent d'en exiger des tributs; mais, en
1257, les Tartares ayant tué *le vieux
de la Montagne*, les chevaliers du Temple réunirent ses possessions à leur do-
maines, se mêlèrent avec les disciples
d'Ehissessin, et ce fut là sans doute
qu'ils puisèrent la nouvelle doctrine qui
dirigea depuis les successeurs de *Jacobus
Molai*. Reprenons leur histoire.

Dans les premiers temps, foibles,

C

craintifs, sans biens, sans puissance, ils
ne s'occupèrent qu'à chercher les trésors
enfouis par leurs fondateurs, dans le
commencement des persécutions des
Templiers, et dont plusieurs d'entre
eux possédoient le secret. Il en ont re-
couvré beaucoup ; il en existe encore à
leur connoissance, sur-tout dans l'île de
Candie qui, malheureusement pour eux,
est dans la puissance des Turcs. Ce fut
cependant à l'époque de la formation des
loges, que parut le célèbre *Rienzi*, cet
homme prodigieux, qui, né dans la
bassesse, s'éleva à la dignité de tribun
qu'il fit revivre, prétendit rappeler dans
Rome dégradée, les vertus et la valeur
de ses premiers habitans, et rendre à
cette ancienne capitale du monde, son
premier empire. Il eut assez de confiance
dans ses forces, pour apppeler à son tribunal, l'empereur et le pape, et assez

de crédit pour se rendre redoutable à ces deux puissances.

Les Templiers conspirateurs ont pour principes que tout homme capable de grands coups, de quelque religion, de quelque état qu'il soit, peut être initié; mais qu'il ne faut commettre que des crimes nécessaires, tendant au but de l'institution, et en fomentant des séditions populaires. Voilà pourquoi il y a eu des initiés parmi les Turcs comme parmi les Chrétiens, parmi les grands comme parmi les simples citoyens. Leur règle s'appelle *constitution*.

Leurs signes, leurs emblêmes sont les mêmes que nous avons adoptés pendant la révolution, les couleurs nationales sont celles des maçons; le niveau, l'équerre, le compas, annoncent l'égalité, l'union la fraternité; l'accacia, arbre consacré parmi eux, et qui ne fleurit qu'arrosé du sang *d'Abiram*, est notre arbre de la liberté, que les Jacobins ont si long-temps arrosé du sang de l'innocence : il n'est pas jusqu'au *bonnet rouge* qu'on ne retrouve dans leurs cérémonies; et il est très-intéressant de remarquer que ce bonnet odieux fut un des ornemens présentés à Cromwel, le jour de son installation (1).

On connoîtra leur esprit par leurs œuvres, quand on saura que ce *Mazaniello*, ce terrible Jacobin Sicilien, qui prêcha l'indépendance, chassa le vice-roi de Naples, et ne montoit sur son tribunal populaire qu'entouré de têtes de proscrits, étoit initié; que les supérieurs des Jésuites étoient initiés. Les Jésuites qui ont fait assassiner Henri IV et

---

(1) Vie de Cromvrel, édit. d'Amsterdam, seconde partie, page 278.

Louis *XV*, qui ont poignardé le stathouder Maurice de Nassau, qui ont empoisonné Henri *VII*, empereur, dans une hostie saupoudrée par la main sacrilège de *Monte-Pulciano*, ont été convaincus de trente-neuf conspirations et de vingt-un régicides (1).

Mayenne, qui fit prêter serment de la ligue dans la même salle ou les *Jaco-bins* de Paris s'assembloient ; qui réunit ses complices dans un souterrain, pour leur faire poignarder les effigies d'Hen-ri III et d'Henri IV, étoit initié (2). Ce

---

(1) Arrêt du parlement de Paris du 6 août 1762, qui chasse les Jésuites. Les a-t-il tous chassés, (*Voyez* la Clef des Loges).

(2) C'est sans doute un chapitre d'initié que Voltaire a décrit dans le cinquième chant de la Henriade lorsqu'il dit :

Dans l'ombre de la nuit sous une voûte obscure,
Le silence a couvert leur assemblée impure.

(..

sont eux qui ont dirigé la révolution de
Portugal, en 1640; qui la préparèrent
pendant trois ans, avec un secret in-
croyable; qui proscrivirent Philippe IV;

———————————————

A la pale lueur d'un *magique flambeau*,
S'élève un vil autel dressé sur un *tombeau* :
C'est-là que des deux *Rois* on plaça les images;
Objets de leur terreur, objets de leur outrages.
Leurs sacrilèges mains ont mêlé sur l'autel
A *des noms infernaux*, le nom de l'Eternel.
Sur ces murs ténébreux les lances sont rangées,
Dans *des vases de sang* leurs pointes sont plon-
    gées,
Appareil menaçant de leur *mystère* affreux,
Le prêtre *de ce temple* est un de ces Hébreux,
Qui proscrits sur la terre et citoyens du monde,
Portent de mers en mers leur misère profonde,
Et d'un antique amas de superstitions,
Ont rempli dès long-temps toutes les nations.
D'abord autour de lui, les ligueurs en furie
Commencent à grand cris ce sacrifice impie.
Leurs parricides bras *se lavant dans le sang*;
De Valois sur l'autel ils vont *percer le flanc* :
Avec plus de terreur et plus encor de rage,
De Henri sous leurs pieds ils écrasent l'image,
Et pensent que la mort, fidelle à leur couroux,
va transmettre à ces rois l'atteinte de leurs coup..

et massacrèrent Michel Vasconcellos (1).

Ils ne furent pas étrangers aux troubles de la Fronde : en flattant l'ambition des princes et la reine, ils méditoient sourdement le renversement du trône. Le Député Grégoire a présenté à la Convention une médaille frappée à cette époque ; elle offre d'un côté un bras sortant des nues, *moissonnant trois lys* avec une épée tranchante. La légende est *Talem dabit ultio messem*. (Telle est la moisson que donnera la vengeance); de l'autre, un autre bras lançant la foudre sur *une couronne et un sceptre brisés*, ayant pour légende, *flamma metuenda tyrannis*. (À l'aspect de ces feux, les tyrans trembleront) (2.) Quels

---

(1) Lisez l'histoire des Révolutions de Portugal et de la Conspiration du Brésil.

(2) Cette médaille se voit à la Bibliothèque nationale.

autres que les éternels ennemis des rois
auroient osé alors consacrer par un pareil monument leur système révolutionnaire.

On peut se rappeler ce fameux tribunal secret, qui, présidé par *Brockaghif,*
fit périr sous le poignard tant de seigneurs
souverains de l'Allemagne (1). *Brockaghif* étoit le chef d'un chapitre. Ce sont
ses disciples qui, pour renverser l'impératrice de Russie, voulurent fonder la
ville et la forteresse de Gerzom, sur la
Mer-noire, et y établir une colonie libre

---

(1) C'est ce tribunal qui a fourni le sujet de
la pièce intitulée *Robert, Chef des Brigands,*
et qu'on donne au théâtre de la République.
L'auteur philantrope de cette pièce trouve-
roit sans doute deux sujets intéressans dans l'histoire de *Jacques Molai,* et dans celle du *vieux
de la Montagne.* Qu'ils seroient bien reçus par
les trente mille amis de Baboeuf.

d'initiés. Catherine découvrit le complot, et trois seigneur de sa cour qui y avoient trempé, furent décapités. En 1781, les Francs-Maçons de Pétersbourg, divisés en deux partis, prirent les armes, espérant à la faveur d'une émeute, assassiner l'impératrice; mais elle prévint la sédition par un édit.

Milord Dervent-Waters, Grand-Maître en 1735, après avoir créé quatre loges à Paris, conspira contre l'Etat, et fut exécuté à Londres.

L'Angleterre avoit été déjà troublée par les initiés. En 1428, sous la minorité d'Henri *VI*, le parlement, inquiet de l'ambition des Templiers, défendit aux Maçons de tenir chapitre, sous peine d'amende et de prison (1).

Elisabeth, exposée cinq fois à périr

_____

(1) Actes du parlement d'Angleterre, ch. 1.

sous le poignard des inités, envoya des troupes pour rompre l'assemblée qui se tenoit à Yorck, le 27 décembre 1561 (1). Ils ajournèrent leur complots.

Chaque chapitre a un membre voyageur qui visite les autres chapitres, et établit entre eux une correspondance. Le fameux comte *de Saint-Germain* le fut pour Paris; *Cagliostro* est celui de Naples, et il ne se mêla de la célèbre affaire du collier que pour former à la cour un initié qui conspirât contre elle (2).

---

(1) Actes du parlement d'Angleterre. ch. 1.

(2) Ceux qui prirent quelqu'intérêt à l'affaire du collier, peuvent se rappeler la loge égyptienne établie à Paris par Cagliostro, et la scène plaisante de phantasmagorie préparée pour illuminer le cardinal de Rohan. Le comte de Saint-Germain et Cagliostro avoient coutume de se dire âgés de plusieurs siècles : c'es qu'ils datoient leur naissance, comme les ini

Cet homme étonnant, qui a joué tant
de personnnages, qui s'est annoncé tour
a tour pour alchimiste égyptien, pour
fils du Grand-Maître de Malte et de la
princesse de Trébisonde, pour prophète
venu de la Mecque, pour empirique
Rosecroix ou immortel, qui a erré de
contrée en contrée, de trétaux en trétaux, de bastille en bastille, qui a fait
un peu de bien au monde, mais encore
plus de dupes, est un des plus actifs et
des plus dangereux initiés. Non seulement il préparoit la révolution française,
mais il avoit l'audace de l'annoncer. On
a imprimé de lui une lettre écrite de Londres le 20 Juin 1786, à un Français, ou
il dit : " Il régnera sur vous un prince
,, qui mettra sa gloire à l'abolition des

---

t'és, du jour ou périt Jacques Molai, le 18 mars
1314.

,, lettres de cachet, à la convocation des
,, états généraux, et sur-tout au réta-
,, blissement de la vraie religion. Il sen-
,, tira que l'abus du pouvoir est destruc-
,, tif du pouvoir même ; il ne se conten-
,, tera pas d'être le premier des minis-
,, tres ; il voudra devenir le premier
,, des Français ,,.

Pendant qu'il indiquoit à ses cor-
respondans le mouvement qui devoit
avoir lieu en France, il en préparoit
un autre en Angleterre. (1). Il fit répandre avec profusion un avis mystique
écrit en style maçonnique et en chiffres
qu'on peut traduire ainsi :

A tous les Maçons véritables, au nom
de Jehovah,

" Le temps est venu ou doit commen-

_____

(1) Voyez Morning Herald, Thursday Nov.
The second, 1786.

,, eer la construction du *nonveau temple*
,, de *Jérusalem*. Cet avertissement est
,, pour inviter tous les véritable Maçons
,, à Londres de se réunir au nom de *Jeho-*
,, *vah*, le seul dans lequel est une divine
,, Trinité, de se trouver demain soir, le
,, 3 du présent 1786, sur les neuf heu-
,, res, à la taverne de Reilly *great queen*
,, *street* (grande rue de la reine), pour y
,, former un plan et poser la première
,, pierre fondamentale du véritable tem-
,, ple dans ce monde visible ,,.

CAGLIOSTRO, etc.

Cagliostro , parsécuté en France ,
ruiné en Angleterre , ennuyé de la
Suisse, eut l'imprudence d'aller tenter
fortune à Rome, mais il y fut bientôt
accusé d'hérésie, de magie, d'apostasie
et de frénésie. *Jugé* par le tribunal
apostolique, il fut condamné à mort : le

D

pape a commué sa peine en une prison
perpétuelle.

Il a paru, en 1791, un extrait de la
procédure instruite à Rome contre lui
(1). Cette procédure fournit de grandes
lumières sur le rapport de la franc-maçonnerie, de stricte observance, ou des
initiés avec la révolution française.

Cette secte, dit le rédacteur, appelle
les philosophes *les ennemis*, et tous les
souverains *les tyrans*.

Cagliostro se nomme *Joseph Balsamo*,
il est né à Parme, le 28 juin 1743. Il
a voyagé dans toutes les cours de l'Europe. Lorsqu'il sortit de la bastille, il se
rendit à Londres, d'eu il écrivit une
brochure, intitulée : *Lettre au peuple
français*; et dans ce libelle, il prêcho

_____

(1) A Paris, chez Onfroi, libraire; rue Saint-
Victor, nᵛ 11.

ouvertement la révolte. Il accompagna
cet écrit d'une exhortation à ses disciples : *Morand*, auteur du Courier de
l'Europe, nous a transmi cet ouvrage,
dans lequel Cagliostro prédit que la *bastille sera détruite*, et deviendra un lieu
de promenade.

Avant sa détention à Rome, il fit et
envoya aux Etat s généraux une requête
en sa faveur, ou en sollicitant son retour en France, il dit qu'il est *celui qui
a pris tant de part et tant d'intérêt à
votre liberté.*

Le rapporteur du tribunal qui l'a condamné, prend les conclusions suivantes :
" Il résulte de beaucoup de dénoncia-
,, tions spontanées, de dépositions do
,, témoins, et d'autres notices que l'on
,, conserve dans nos archives, que par-
,, mi ces assemblées, formées sous l'appa-
,, rence de s'occuper d'études sublimes,

,, la plupart chercher à secouer le joug
,, de la religion, et à détruire les mo-
,, narchies. *Peut-être en dernière ana-*
,, *lyse, est-ce là l'objet de toutes.* ,,

Dans ses interrogatoires, Cagliostro
(même ouvrage) a avoué que des *initiés*
avoient prêté le serment de détruire tous
les souverains : qu'ils avoient écrit et
signé ce serment de leur sang ; que cette
secte avoit déterminé de porter ses premiers coups sur la France ; qu'après la
chûte de cette monarchie, elle devoit
frapper l'Italie, et Rome en particulier:
que *Thomas Ximenès* étoit un des principaux chefs ; que la société a une grande
quantité d'argent dispersé dans les ban-
ques d'Amsterdam, Rotterdam, Londres, Gênes et Venise : que cet argent
provenait des contributions que payoient
chaque année cent quatre-vingt mille
maçens ; qu'il servoit à l'entretien des

chefs, à celui des émissaires qu'ils ont
dans les cours, *à récompenser tous ceux
qui font quelqu'entreprise contre les
souverains*; que lui, Cagliostro, a reçu
six cents louis comptant, la veille de
son départ pour Franckfort, etc. (pag.
130, 131, 132). Ces différentes assertions sont justifiées dans tout les cours
de l'ouvrage. Enfin, pour dernière preu-
ve, on a trouvé sous ses scellés une croix
sur laquelle étoient écrites les trois lettres L. P. D., et il est convenu qu'elles
signifioient *lilium pedibus destruc*. FOU-
LEZ LES LYS AUX PIEDS.

Quoique les loges maçonniques soient
fermées en France, le chapitre créé par
Jacques Molai existe toujours, et jamais
les Templiers Jacobins ne furent plus
puissans. '' Des Calvinistes, des hommes
,, de toutes les sectes, des personnages
,, considérables, d'anciens ministres, des

,, membres des premières assemblées,
,, conspirent encore ; un club établi à
,, Morat, est le foyer de la conspiration,,.

Les principaux initiés, qui ont joué
un rôle dans la révolution française,
sont *Mirabeau*, *Fox*, *le duc d'Orléans*,
Robespierre, *Clootz*, *Danton*, *Dumouriez*, *St.-Fargeau*. Le grand-maître
actuel est le *duc de Sudermanie*, régent
de Suède.

C'est par la prise de la bastille que
commença la révolution, et les initiés
la désignèrent aux coups du peuple, parce qu'elle avait été la prison de *Jacobus
Molai*. Avignon (1) fut le théâtre des
plus grandes atrocités, parce qu'il ap-
partenoit au Pape, et qu'il renfermoit

---

(1) Avignon a toujours été préféré par les
initiés, et les maçons, dans cette ville, sont
beaucoup plus instruits qu'ailleurs.

les cendres du grand-maître. Toutes les
statues des rois furent abattues afin de
faire disparoître celle d'Henri IV, qui
couvroit la place ou Jacques Molai fut
exécuté : c'est dans cette même place *et
non ailleurs*, que les initiés vouloient
faire élever un colosse foulant aux pieds
des couronnes et des thiares, et ce colosse n'étoit que l'emblème du corps
des Templiers. Que de traits je pourrois rappeler; mais je me borne aux
principaux faits.

Le roi de Suède étoit l'allié de Louis
XVI; lors de la fuite à Varennes, Gustave vint jusqu'aux frontières pour le
recevoir et le protéger, mais le duc de
Sudermanie fit assassiner son frère par
Ankastrœum, franc-maçon, qui, pré-
cédemment condamné pour vol à être
pendu, avoit obtenu sa grâce du roi.
Comme tout Templier *peut gouverner*,

mais ne peut pas régner, on a vu aussitôt le duc de Sudermanie faire alliance avec les *Jacobins* de Paris, enlever aux nobles Suédois beaucoup de leurs priviléges, restreindre les prérogatives du *jeune* roi dont il est tuteur, et *aux jours duquel on a déjà attenté deux fois.*

D'un autre coté, le grand-maître du chapitre de Paris, Philippe d'Orléans, opéroit la chûte de Capet et de sa famille. Pour arriver au but marqué par les initiés, il falloit frapper de grands coups, et les frapper rapidement. Pendant deux ans, les Adeptes tinrent chapitre dans le palais du grand-maître, ensuite dans le village de Passy. C'est-là que Sillery, Jacob Frey, Dumouriez, d'Aiguillon, Clootz, Lepelletier, Mer...., l'abbé S..., les Lameth, Mirabeau, D.. — C..., Robespierre, préparoient les plans qu'ils livroient aux conjurés du second ordre, chargés de les traduire en langue *philo-sophico révolutionnaire.*

L'or de Philippe n'est point épargné; d'abord les parlemens sont divisés, on parvient ensuite à les détruire. Pour mettre le peuple en action, d'Orléans accapare les blés (1) et les exporte dans les îles de Gersey et Grenesey, tandis que ses corriphées accusoient le Gouvernement d'organiser la famine. Leurs agens parcourent les campagnes, massacrent les nobles, les riches, les prêtres, incendient les chateaux et ravagent les moissons. Les propagandistes séduisent les troupes, et se répandent dans l'étranger; ils y préparent l'assassinat de Gustave, les mouvemens de Berlin (2), le déchire-

(1) Voyez l'histoire de la conspirations de Philippe, 1796.

(2) Tous les journaux du temps s'accordent

ment de la Pologne (1), les dissentions
de la Hollande, l'insurrection des Lié-
geois, et le soulèvement des Pays-Bas (2).

Après avoir fait les journées des 5 et 6
octobre, Philippe se rend lui-même à
Londres pour conspirer avec Fox, Stan-
hope, Shéridam, les docteurs Price et
Priestley. Les initiés établissent le club
des Jacobins , et rappellent le Grand-
Maître. Peu après son retour, les journées du 20 juin et du 10 août renversent

---

à dire que c'est dans leurs loges maçonniques
que se préparoient ces mouvemens; l'autorité
les arrêta à temps.

(1) Personne n'ignore que Kosciusko vint
prendre ces instructions à Paris et qu'il fré-
quenta le duc d'Orléans.

(2) Van der Noot et van Eupen étoient initiés et chefs de loges. Voyez les causes de la
révolution du Brabant, par le Sueur.

le trône (1). Philippe avait épuisé ses
coffres, et son ambition le perdit. Après
la mort du roi, pour laquelle *il avoit
volé lui-même*, il croyait saisir les rênes
de l'Etat; il eût réussi sans doute, mais
les initiés se divisèrent. La perte des
Bourbons, jurée par les Templiers, ne
lui permettoit de gouverner qu'en per-
dant son nom; il crut qu'il suffisoit d'y
renoncer; il renia son père à la tribune
des Jacobins; il protesta à la Commune
que sa mère, prostituée, reçut dans son
lit un cocher, et qu'il étoit le fruit de
ses impudiques amours. Il supplia hum-
blement qu'on lui ôtât son nom, et il

(1) En mars 1788, le roi avoit voulu s'attacher d'Orléans par une double alliance. Il pro-
posait de marier la fille de Philippe au fils aîné
du comte d'Artois, et le duc de Chartres à une
princesse de Naples; mais fidèle au serment parricide, Philippe avoit refusé.

prit celui d'*Egalité*. Mais Robespierre
avoit déjà un parti, et d'Orléans mépri-
sé même de ses complices fut sacrifié.

Tandis que Clootz, illuminé prussien,
et Chaumette renversoient les autels,
un Italien, et Cagliostro conspiroient à
Rome. Cagliostro fut jeté dans les cachots du château Saint-Ange, et l'autre
Templier fut pendu, masqué, et portant cet écriteau : *C'est ainsi qu'on pu-
nit les Francs-Maçons*

L'empereur périt bientôt victime des
ennemis jurés des rois; Léopold, ne tarda
pas à le suivre; le valet-de-chambre de
l'empereur, soupçonné d'avoir empoisonné son maître et Léopold, a fait,
dans ses interrogatoires, l'aveu de ces
deux crimes, et a déclaré en avoir reçu
le salaire du duc d'Orléans *(1)*.

_____

(1) Voyez le journal des Jacobins à cette époque, article correspondance.

Depuis quatre ans, l'Irlande s'agite et menace de se soulever : elle possède un chapitre de Templiers. Les chefs sont à Londres (1), et déjà Georges assailli quatre fois, a pensé perdre la vie le 13 octobre et le 3 février de l'année dernière.

(1) Lorsque la première édition de cet ouvrage parut, un de mes amis, employé près le directoire, en remit un exemplaire à un homme *très-puissant* en ce moment. Cet homme voulut me connoître ; mon ami refusant de me nommer, il lui dit : si l'auteur a quelques notes particulières sur les projets actuels des initiés, engagez-le à les confier au gouvernement, qui est instruit que le duc de Belfort, chef de loge, organise en ce moment une révolution à Londres, et veut jouer, en Angleterre, le role du duc d'Orléans : on a même pressenti le directoire, pour savoir s'il favoriseroit cette insurrection..... Cette confidence me fut faite dans le temps qu'on préparoit la fameuse descente en Irlande.

E

Un jour de pluviose an IV, nous apprend que les Francs-Maçons ont pris en Irlande le nom de *Defenders* et de *James Veldor*, condamné le 22 décembre à Dublin comme coupable de haute trahison, portait sur lui l'écrit suivant :

Demande. Je suis intéressé. — *R.* Et moi aussi — *D.* Avec qui. — *R.* Avec la convention nationale. — *D.* Quel est votre but. — *R.* La liberté. — *D.* Ou est votre projet. --- *R.* Sa base est fondée sur le roc. --- *D.* Que vous proposez-vous. --- *R.* De subjuguer toutes les nations, de détrôner les rois... --- *D.* Où le coq a-t-il chanté, quand tout l'univers la entendu. --- *R.* En France. --- *D.* Quel est le mot de passe. --- *R.* ÉLIPHISMATIS.

Ces faits et mille autres tendent à prouver que si les étrangers, les anti-religionuaires, les anarchistes ont sans

cesse troublé la tranquillité publique, ils
n'étoient que les instrumens d'une faction constamment conspiratrice, celle
des initiés, qui parlant toujours des
grands intérêts, du peuple, n'est occupée
que des siens. C'est dans cette faction
que se confondent les Orléanistes, les
Dantonistes, les Girondins, les Terro-
ristes, et tous ces noms inventés pour
tromper les gens crédules. Les grands
troubles politiques se sont opérés près
des points de réunion des chapitres des
Templiers. C'est en Suède, en Angleterre, en Italie, en France, que les
trônes sont attaqués, chancellent ou
tombent, que la puissance exclésias-
tique se détruit, et que les vrais Francs-
Maçons, les Jacobins, ligués sur la
tombe de *Jacobus Molai*, établissent
l'indépendance, s'emparent des richesses
et du gouvernement. Les premiers élec-

teurs de Paris (*Lavigne, Moreau de
Saint-Méry, Deleutre, Danton, Di-
joli, Champion, Keralio, Guillotin*
(1), *etc. etc.*). La première commune
de cette ville, les premiers *Jacobins*,
étoient presque tous Francs-Maçons, et
à la tête des loges, quoiqu'il n'y eût
en France que vingt-sept initiés. On ne
sera plus surpris si bientôt on voit tomber sous le glaive le roi d'Angleterre,
le roi de Suède, le pape et l'empereur.

Tous les hommes qui se sont occu-
pés de la franc-maçonnerie et qui n'y
ont vu que des sociétés, ou les lois, les
rois et les prêtres paroissoient respectés,

_____

(1) Guillotin, à jamais célèbre pour sa terrible invention mécanique, qu'on ne doit cependant qu'à ses principes d'umanité, étoit vénérable d'une loge. C'est là qu'il fabriqua la
fameuse *pétition des 6 corps*, qui le fit nommer aux états-généraux.

des sociétés dont le but étoit l'union
des hommes honnêtes, la bienfaisance,
la perfection des arts ou l'activité du
commerce, auront de la peine à croire
à ce système politique, parce qu'ils ne
connoissent des mystère maçonniques,
que les formules préparatoires. Il est nécessaire pour eux d'entrer dans quelques
développemens.

Avant l'attentat de Philippe-le-Bel, il
est vraisemblable que les Templiers n'é-
toient que de simples théosophistes,
c'est-à-dire, des hommes religieux, qui,
par des pratiques mystérieuses et con-
templatives, cherchoient une perfection
imaginaire, et croyoient entretenir un
commerce spirituel avec la Divinité.

Cette chimère, dont l'origine se perd
dans la plus haute antiquité, subsiste
encore, et forme une secte particulière,
dont les zélateurs portent spécialement

le nom *d'illuminés*. Cette institation, dit l'auteur *de l'Origine des Cultes*, se forma lorsque les hommes appliquèrent la religion au maintien de l'ordre social. " Les initiés grecs, connus sous le nom ,, d'orphiques, croyoient, en se vouant ,, au culte de Bacchus, entrer en com- ,, merce avec les Dieux, en épurant leur ,, âme de toutes les passions qui peuvent ,, porter obstacles à cette jouissance et ,, offusquer les rayons de la lumière di- ,, vine qui se communique à toute âme capable de la recevoir, et qui imite sa ,, pureté (1) ,,. De même, nos illuminés s'imaginent que leurs pratiques mysté- rieuses, leurs perpétuelles combinaisons métaphysiques, perfectionnent leurs qua-

(1) Origine de tous les cultes par Dupuis, tome 2, Traité des Mystères. édit. in-4to., pag. 1, 109 et suivantes.

lités intellectuelles, et leur donnent, avec la divinité, des rapport si intimes, qu'ils parviennent à connoître les événcmens cachés, soit de l'avenir, soit du passé.

Les Templiers persécutés négligèrent quelque témps leur contemplations pour s'occuper d'assurer leur vengeance, et formèrent l'association secrète et politique dont Jacques Molai fut le fondateur; enfin de ces deux sectes sortit une troisième classe d'initiés, qui appliqua ses recherches à deviner les secrets de la nature, à transmuer les métaux, à trouver l'agent universel, le remède de tous les maux, et qui créa la francs-maçonnerie hermétique et trismégiste, berceau de l'alchimie, du magnétisme et du somnambulisme. Les annales de la franc-maçonnerie (1) ne parlent que d'une seule

_____

(1) *L'étoile flamboyante*, petit in-12, imprimé à Paris en 1786. Cet ouvrage contient

association, composée uniquement de disciples d'Hermès. Ils s'étoient réunis dans un petit terrain près d'Utrecht, sous le non. d'*Herneutter*. Le chef disparut un jour avec la caisse de la société. Elle se divisa; mais il y a encore dans les Pays-Bas des membres de cette société. Cette dernière secte ne fut jamais qu'accessoire aux deux autres, et ses rêveries furent plus ridicules que dangereuses; mais lorsque les trois sectes s'associèrent pour marcher au même but, elles acquirent une force inconcevable. Il est donc intéressant d'examiner ce que furent et ce que sont les illuminés.

Je n'entrerai point dans les détails des rêveries des *Valésiens*, qui se purifioient par la honteuse mutilation, dont Origène

une foule de détails très-curieux pour ceux qui ont la clef des loges.

donna l'exemple ; des *circoncellions* qui prêchoient qu'on ne devoit pas payer ses dettes ; des *Priscillianistes*, qui croyoient honorer la divinité en se prostituant nus dans les temples ; des *Eicètes*, qui disoient que la meilleure manière de louer Dieu étoit de danser et de faire des entrechats ; des disciples d'*Amaury*, qui se sanctifioient en se donnant le fouet dans les places et sur les chemins; des *Béguards*, qui regardoient comme un péché d'embrasser simplement une femme (quand on en restoit là....) Ces malheureux n'étoient que des foux ; ceux qui les brûlèrent au lieu de les enfermer, furent des barbares.

Je vais m'occuper de gens plus dangereux. En 1610, on débita qu'il paroissoit une illustre société, jusques-là cachée, et qui devoit son origine à *Christian Rosencreuz;* on ajouta que

cet homme, né en 1387, ayant fait le
voyage de la terre sainte pour visiter le
tombeau de *J. C.*, avait eu, à Damas,
des conférences avec les sages Chaldéens,
desquels il avoit appris les sciences oc‑
cultes, entre autre la magie et la cabale;
qu'il avoit perfectionné ses connoissances
en continuant ses voyages en Egypte et
en Lybie; que, de retour dans sa patrie,
il avoit conçu le généreux dessein de ré‑
former les sciences; que pour réussir
dans ce projet, il avoit institué une so‑
ciété secrète, composé d'un petit nom‑
bre de membres, auxquels il s'étoit ouvert
sur les profonds mystères qui lui étoient
connus, après les avoir engagés sous
le sceau du serment, à lui garder le se‑
cret, et leur avoir enjoint de transmet‑
tre ses mystères de la même manière à la
postérité (1).

_____

(1) Encyclopédie, tome 14, page 367.

Les illuminés avoient déjà paru en Espagne en 1575, sous le nom d'*Alambrados*. Leur chef étoit *Jean de Dillapando*, originaire de Ténérif. La plupart de ses disciples furent pris par l'inquisition, et punis de mort à Cordoue. Cinquante-neuf ans après, ils se réunirent en France, sous le nom de *Guerinets*, mais Louis *XIII* les poursuivit si vivement, qu'ils furent détruits en peu de temps(1).

Au commencement du siècle, un allemand, nommé *Martinés*, né d'une famille indigente, mais noble, parlant, à l'age de seize ans, le grec et le latin, reparut comme chef des illuminés connus sous le nom de *Rosecroix* (2). Il voyagea

_____

(1) Dict. des Sciences, tom. 8, page 157.
(2) Lettres sur la Suisse, tom. premier, pag. 12 et suiv. Le nom de Rosecroix vient évidemment du fondateur Roseucreuz.

en Turquie , en Arabie, il fut reçu à Damcar par des philosophes qui le saluè- rent par son nom, quoiqu'il ne se fût point nommé, qui l'instruisirent des mystères cachés de la nature, et lui dé- clarèrent qu'il étoit choisi pour être l'auteur *d'une réformation générale dans l'univers.* Après être resté trois ans avec eux, il passa en Barbarie; il demeura quelques temps à Fez, ou il forma des disciples; de là, il se rendit en Espagne. Forcé d'en sortir, il revint en Allema- gne, ou il vécut solitairement jusqu'à 106 ans, sans avoir rien perdu de la force de son corps ni de celle de son es- prit (1/.

Les Rosecroix ont des livres mysté-

---

(1) Le lecteur sentira bien que cet historique est écrit sur les relations des illuminés, et il saura eu séparer mentalement le merveilleux.

vieux, dont on trouve quelques exemplaires dans les grandes bibliothèques.
L'un est intitulé *le Prothée*; un autre
les Axiomes ; un troisième *la Roue*, et
deux *le Monde*. Les priviléges dont ils
se vantent de jouir y sont énoncés à peu-
près en ces termes : " Destinés pour ac-
,, complir la *réformation qui doit se faire*
,, *dans tout l'univers*, les Rosecroix
,, sont doués de sagesse au plus haut de-
,, gré, et, paisibles possesseurs de tous
,, les dons de la nature, ils peuvent les
,, dispenser à leur fantaisie.

,, En quelque lieu qu'ils soient, ils
,, connoissent mieux toutes les choses
,, qui se passent dans le reste du monde,
,, que si elles leur étoient présentes. Ils
,, ne sont sujets ni à la faim, ni à la soif,
,, et n'ont à craindre ni la vieillesse, ni
,, les maladies.

,, Les femmes ne peuvent être initiée;

F

,, un secret ne sauroit leur être confié.

,, Ils peuvent commander aux esprits
,, et aux génies les plus puissans.

,, Dieu les a couverts d'une nuée
,, pour les défendre de leurs ennemis,
,, et on ne peut les voir que quand ils
,, le veulent, si on n'a des yeux plus
,, perçans que ceux de l'aigle.

,, Ils tiennent leurs assemblées généra-
,, les dans les pyramides d'Egypte (1).

En 1623, vers le printemps, on trouva, dans plusieurs carrefours de Paris,
cette affiche singulière :

*Nous, députés des frères Rosecroix,
fesons séjour visible et invisible dans*

_____

(1) Ces pyramides sont pour les Rosecroix,
ce que Notre-Dame de Lorette est pour les
Chrétiens. Elles voyagent, et se trouvent dans
toutes les villes ou il leur plait de s'assembler.
Mais cette désignation prouve que les initiations modernes sont calquées sur les anciennes.

cette ville, par la grâce du Très-Haut,
vers lequel se tourne le cœur des sages :
nous enseignons, sans aucune sorte de
moyens extérieurs, à parler les langues
des pays que nous habitons, et nous ti-
rons les hommes, nos semblables, de la
terreur et de la mort.

S'il prend envie à quelqu'un de nous
voir par curiosité seulement, il ne communique jamais avec nous ; mais, si sa
volonté le porte réellement, et de fait,
à s'inscrire sur le registre de notre con-
fraternité, nous, qui jugeons des pen-
sées, lui ferons voir la vérité de nos
promesses, tellement que nous ne met-
tons point le lieu de notre demeure, puisque la pensée, jointe à la volonté réelle
du lecteur, sera capable de nous faire
connoître à lui, et lui à nous.

Je ne ferai qu'une observation sur
cette étrange proclamation, c'est qu'elle

parut dans un temps de troubles civils (1).

Plus on avance dans l'histoire, et
sur-tout dans l'histoire d'Allemagne,
plus on voit les mystérieux initiés devenir nombreux, hardis et conspirateurs.
Il n'est point de rêve théosophique,
point de système scientifique, dont ils
n'étayent leur funestes doctrine. Jésuitisme, magnétisme, martiniste, pierre
philosophale, somnambulisme, ecclec-
tisme, tous est de leur ressort. Ils ont
sur-tout créé un espionnage tellement
actif, une correspondance tellement rapide et sûre (2), qu'ils n'ignorent aucun

_____

(1) C'est toujours dans les troubles civils qu'ils
paroissent et agissent plus ostensiblement.

(2) Jamais le télégraphe ne donnera une correspondance aussi étendue et aussi rapide que
celle des loges maçonniques ou des cercles d'illuminés. Il faut, pour s'en former une idée

(65)

cret particulier, et qu'ils agissent partout avec un accord, avec une certitude de succès, qui les fait paroître des hommes surnaturels. Les illuminés modernes ne s'accordent pas sur le nom de leurs fondateurs : c'est Saint-Germain, Swedemborg, ou Schroepffer; je ne pourrois décider lequel : mais ce sont trois chefs célèbres et très-accrédités. Le premier est connu par ses visions et ses prédications à Paris; le second, savant métallurgistes suédois, acquit une grande renommée par une aventure que rapporte

exacte, lire l'ouvrage de M. de Luchet sur les illuminés page 31. Cet accord, cette identité de mouvement, cette collération d'idées, donne et confond l'homme le plus actif. Ah! si les gens honnêtes se coalisoient pour faire le bien, comme les méchant pour nuire, la révolution seroit faite, et nous serions heureux : mais l'intérêt personnel... l'égoïsme !

F

(66)

le journal de Stockholm, appelé le *Mo-
nats-Schrift*, (dans le mois de janvier
1788); la voici : Feu la reine de Suède,
Louise Ulrique, avait chargé Swedemborg de savoir de son frère (le père du
roi de Prusse régnant), mort depuis 1758
la raison pour laquelle il n'avoit pas répondu de son vivant, à une certaine
lettre qu'elle lui avoit écrite. Vingt-quatre heures après Swedemborg apprit à
la reine le contenu de sa lettre, que personne, excepté son frère et elle, ne pouvoit savoir. Consternée, elle fut forcée
de reconnoître, dans ce grand homme,
une science miraculeuse.

Un de mes amis soupoit avec Gustave, dans son dernier voyage à Paris; on
demanda au roi si l'anecdote étoit vrai :
elle est vraie, répondit Gustave, j'étois
présent à l'entretien; Swedemborg apprit
à ma mère que sa lettre étoit relative à la

révolution arrivée en 1756, et qui coûta
la vie à *Horn* et *Brahé.* Il ajouta :
,, L'ame de votre frère m'est apparue,
,, et m'a dit qu'il n'avoit point répondu,
,, parce qu'il avoit désaprouvé votre
,, conduite; votre politique imprudente
,, est cause du sang répandu; je vous or-
,, donne, de sa part, de ne plus vous
,, mêler des affaires d'Etat, et sur-tout
,, de ne plus exciter de troubles, *dont,*
tôt ou tard, vous seriez la victime ,,.

Schrœpffer, le troisième, et fils d'un
limonadier. Il réforma l'ordre des francs-
maçons à Dresde; c'est lui qui, le premier, illumina les princes de l'Allemagne, par le moyen de la phantasmagorie ou de l'apparition des spectres. Il jeta
l'épouvante dans Berlin et dans toute
la Prusse, en faisant prédire, par des fantômes, la mort prochaine de quelques
grands personnages, mort qui se réalisoit

toujours (1). La reine de Prusse lui fit
défendre de faire ses invocations.
Schroepffer s'est tué à Leipsick d'un
coup de pistolet.

Je serois un volume énorme, si je vou-
lois rapporter tous les prétendus pro-
diges des illuminés ; mais je me borne à
citer les plus récens, ceux dont il existe
encore des témoins.

Cagliostro étoit à Varsovie depuis
quelques temps, et avoit eu plusieurs
fois l'honneur d'entretenir Poniatovvski,
lorsqu'un jour ce monarque venant de lo

---

(1) Il avoit tellement frappé les esprits, que
le savant Gleditsch n'alloit point à l'académie
de Berlin, sans s'imaginer qu'il voyoit l'ombre
du défunt président siéger à sa place.

Ceux qui ont vu à Paris les expériences
phantasmagoriques de Philidor, conçoivent fa-
cilement l'empire des illuminés sur l'imagination de la plupart des hommes.

quitter, et enchanté de tout ce qu'il lui
avoit entendu dire, vanta son esprit,
ses talens, et ses connaissances, qui lui
paroissoient sur-naturelles. Une jeune
dame, qui écoutoit attentivement le roi
se mit à rire, et soutint que le comte ne
pouvait être qu'un charlatan; elle assura
qu'elle en étoit si persuadée qu'elle le dé-
fioit de lui dire certaines choses singu-
lièrer qui lui étoient arrivées. Le lendemain, le roi rendit les propos de cette
dame à Cagliostro, qui demanda une
entrevue avec elle. La proposition fut
acceptée, et, au moment convenu, le
comte dit à la dame ce qu'elle croyait
ignoré de tout le monde, et la surprit si
fort, qu'elle témoigna le plus grand désir de connaître ce qui devoit lui arriver
par la suite. Après s'y être long-temps
refusé, Cagliostro lui dit, en présence
du roi : " Vous allez bientôt partir pour

un grand voyage : votre voiture cassera
à quelques postes de Varsovie ; pendant
qu'on la raccommodera, votre toilette
excitera de tels ris qu'on vous jettera
des pommes. Vous irez de-là à des eaux
célèbres, où vous trouverez un homme
d'une grande naissance, qui vous plaira
et que vous épouserez. Vous serez ten-
tée de lui donner tout votre bien ; vous
viendrez vous marier dans la ville ou je
serai ; et, malgré les efforts que vous
ferez pour me voir, vous ne pourez y
réussir. Vous êtes menacée de grands
malheurs ; mais voici un talisman
que je vous donne, tant que vous le
conserverez vous pourrez les éviter ;
mais si vous donnez votre bien par
contrat de mariage vous perdrez aussitôt le talisman, et dans le moment ou
vous ne l'aurez plus, il se trouvera
dans ma poche, en quelqu'endroit que

je sois ,,. *Toutes ces prédictions eurent leur exécution.*

Laborde (1), qui rapporte cette histoire, ajoute : je l'ai su par plusieurs personnes à qui la dame l'a contée ; je l'ai su par le roi, précisément dans les mêmes termes, et Cagliostro m'a fait voir à *V*ienne le talisman.

Il est aussi facile de donner l'explication de cette histoire, que de celle de Swedemborg et de la reine de Suède; mais mon dessein n'est pas de faire un cours d'*initiation*. Je ferai remarquer seulement que ces événemens, si merveilleux en apparence, se passent toujours devant quelque prince ou quelque

---

(1) Ce Laborde, valet-de-chambre de Louis XV, est l'ami de Voltaire, l'auteur de la musique de Pandore, le traducteur des voyages de Swinburu, homme éclairé, philosophe et peu crédule.

personnage illustre. Ceux qui seront curieux d'acquérir plus de lumières sur
cette étrange doctrine, les trouveront
dans l'ouvrage intéressant du marquis de
Luchet (1). Cet auteur philantrope n'hé-
site pas à regarder l'existence des *initiés*
comme le fléau le plus funeste à toute
espèce de gouvernement. " Peuples sé-
duits, dit-il, apprenez qu'il existe une
conjuration en faveur du despotisme
contre la liberté; de l'incapacité contre le talent; du vice contre la vertu ;
de l'ignorance contre la lumière! Il
s'est formé au sein des plus épaisses
ténèbres, une société d'êtres nou-

_____

(1) *Essai sur la secte des Illuminés*, un
vol. de 127 pages, faussement attribué à Mirabeau, et imprimé à la suite de l'Histoire secrète
de la cour de Berlin. Cet ouvrage, très-bien
écrit, est assez rare ; cependant Desenne en
possède encore quelques exemplaires.

reaux, qui se connoissent sans s'être
vus, qui s'entendent sans s'être expli-
qués, qui se servent sans amitié. Cette
société à le projet *de gouverner le
monde*, *de s'approprier l'autorité des
souverains*, *d'usurper leur place*.

Elle adopte du régime jésuitique
l'obéissance aveugle et les pricipes *régicides* du dix-septième siècle ; de la
franc-maçonnerie, les épreuves et les
cérémonies extérieures ; des Templiers,
les évocations souterraines et l'in-
croyable audace. Elle emploie les découvertes de la physique pour en im-
poser à la multitude peu instruite ; les
fables à la mode, pour éveiller la curiosité et inspirer la vocation ; les opinions de l'antiquité, pour familiariser
les hommes avec le commerce des esprits intermédiaires. Toutes espèce d'er-
reur qui afflige la terre, tout essai,

G

toute invention , servent aux vues des
illuminés : ainsi les baquets du magnétisme, et les sons séduisans de l'ar-
monica , la désorganition des somnam-
bules, les visions des foibles, la dévo-
tion outrée, le dérangement de l'esprit,
les obscurités métaphysiques du tableau
de la nature , la maçonnerie ecclecti-
que, de stricte observance , la mysticité
du docteur de Zurich (1), le catholicis-
me accommodé aux principes des réfor-
més, le jésuitisme ressussité, tout sert
également à leurs vues, tout devient
cause et instrument; ils ne rejettent
rien de ce que le commun des hommes proscrit; et, sans l'admettre par
conviction, ils le laissent subsister
comme moyen de multiplier les opinions, les épreuves, basé sur laquelle

_____

(1) Lavvater, bon phisicien, auteur du système célèbre de phisiognominie.

repose la nouvelle confédération. Son but est la domination universelle ,,.

Je n'entrerai point dans le détail horrible des sanglantes et sacriléges épreuves qu'on subit pour être illuminé. C'est au milieu d'une foule de squelettes, de cadavres ; c'est après avoir été affoibli par un long jeûne, après avoir été fatigué pendant vingt-quatre heures par des macérations, que le Néophite nu, et les testicules attachées, prononce le serment qu'une voix tremblante ,lui dicte en ces termes:

Jurez de briser les liens charnels qui vous attachent encore à père, mère, frères, sœurs, époux, parens, amis, maîtresses, rois, chefs, bienfaiteurs, et tout être quelqu'onque à qui vous aurez promis foi, obéissance, gratitude ou service ; nommez le lieu qui vous vit naître, et abjurez ce globe empesté, vil rebut des cieux.

De ce moment, vous êtes affranchi du prétendu serment fait à la patrie et aux lois; jurez de révéler au nouveau chef que vous reconnoissez ce que vous aurez eu ou fait, pris, lu, entendu, appris ou deviné, et même de recher-cher, épier, ce qui ne s'offriroit pas à vos yeux. Honorez et respectez l'Aqua Toffana (1), *comme un moyen sûr, prompt et nécessaire de purger le globe par la mort ou par l'ébétation de ceux qui cherchent à avilir la vérité, ou à l'arracher de nos mains.*

Fuyez la tentation de révéler ce que vous entendez, car le tonnerre n'est pas plus prompt que le couteau qui vous at-teindra, en quelque lieu que vous soyez.

Après cet horrible serment, le réci-

_____

(1) L'Aqua Toffana est un poison subtil que l'on soupçonne être un mélange d'opium et d'une forte décoction de mauvais champignons.

piendaire boit..... du sang ! il le boit
dans un crâne humain ! ; ; !

Heureux sont ceux qui peuvent connoître de tels mystères d'iniquités, et les
traiter de chimères ; mais plus heureux
est celui qui, connoissant leur réalité,
brave la vengeance des initiés , et divulguant leurs complots, peut les rendre
inutiles!

Vous qui ne voyez, dans cet écrit,
que le rêve d'une imagination exaltée,
qu'un jeu d'esprit ou une mystification,
expliquez-moi, je vous prie, pourquoi,
dans le muséum allemand (janvier 1788,
page 56), Gablidonne et Schwedem-
borg annoncent clairement notre révolution, en disant : " Il va se faire sur
,, notre globe, une révolution politique
,, très-remarquable, et il n'y aura plus
,, d'autre religion que celle des patriar-
,, ches, celle qui a été révélée à Caglios-

,, tro par le seigneur, dont le corps est
,, ceint d'un triangle ,, .

Expliquez-moi comment la doctrine
des initiés et celle des Jacobins a tant de
ressemblance ; comment ils marchent
tous deux au même but : si le jacobin
et l'initié ne sont pas guidée par les mêmes chefs. Tous deux prêchent la loi
agraire, tous deux fomentent l'anarchie,
tous deux frappent les rois, tous deux
s'emparent du pouvoir, tous deux dé-
moralisent le peuple, tous deux s'en-
richissent aux dépens des Etats, tous
deux sont fanatiques.

Expliquez-moi par quel moyens, si
ce n'est par l'espionnage et la correspondance rapide et secrète des illuminés et
des initiés, le duc d'Orléans est parvenu
à faire commettre tant de meurtres à la
fois ; par quel hasard malheureux la
Normandie, la Provence et la Bretagne

se soulevoient le même jour, à la même
heure que les Parisiens qui marchoient
contre la bastille. Expliquez-moi pourquoi les mouvemens révolutionnaires ont
toujours été en rapport exact de temps
et de motifs dans les différens points de
la république.

Mais je vais d'un mot, éclaircir bien
des doutes.

A l'époque mémorable de la convocation des états-généraux, pendant que
le peuple, étonné de ses droits, préparoit
ces cahiers, trop peu suivis, qui pros-
crivoient les abus ; mais qui ne deman-
doient ni emprunt forcé, ni réquisitions,
ni gouvernemens révolutionnaire, je reçus du marquis de Gaud, grand d'Espagne, un billet qui m'invitoit à me
rendre à la loge du contrat social, rue
Coquéron. Je ne connoissois ni le marquis de Gaud, ni la loge en question ;

je m'y rendis. Je vis des préparatifs im-
menses, des décorations de la plus grande
élégance, une salle de festin préparée
par Deleutre, pour la fête la plus brillante; un théâtre où *Vestris* et *Candeille*
disposoient un ballet; des soldats du
régiment des Gardes Suisses, qui s'exer-
çoient à des évolutions militaires. Vous
voyez, me dit le marquis, les prélimi-
naires de la plus belle fête qu'on ait jamais donnée en loge (1); et vous pouvez
y ajouter un nouveau degré d'intérêt. Il
m'apprit alors ce qu'il désiroit de moi.
Je consentis à sa demande; et il ajouta :
cette fête est destinée à M. Necker; et
elle a pour motif (il auroit dû dire pour
prétexte) la réception de madame de
Staal. Les vénérables *de toutes les loges*
y seront; et tout ce que les premiers
ordres ont de distingué y assistera:

_____

(1) Elle devoit couter soixante mille liv.

MM. Mirabeau, d'Aiguillon, d'Eprémesnil, Lally-Tolendal, etc. M. *le duc d'Orléans* tiendra la loge. *Nous recevrons, ce soir, M. de Caraman.* Rendez-vous à...... Il me quitta.

Je revins le soir : la loge n'étoit pas ouverte. En me promenant dans les salles, j'entendis du bruit dans un cabinet : j'entrai, et je vis dix à douze personnes qui causoient ensemble. Il faisoit un peu sombre; mais je crus reconnaître, parmi elles, Philippe, qui se plaignoit des obstacles qu'on vouloit mettre à la fête. " La cour, disoit un homme de belle " taille, est instruite. M. de Breteuil " fait épier les vénérables de loge; et " veut empêcher la réunion. M. du Châ- " telet a donné des ordres pour que les " Gardes Françaises soient consignées ce " jour-là. Le comte d'Artois fera défen- " dre de même, aux Suisses, de prendre

,, part à la fête. On intrigue à l'opéra,
,, pour nous enlever les artistes; les scè-
,, nes patriotiques que vous voulez faire
,, jouer sont déjà connues.... ,, Il alloit
continuer, lorsque je fus reconnu et invité *d'éclaircir le conseil.* Je m'éloignai.

En rapprochant ce que j'ai recueilli
des différentes questions qui ont été faites pendant la réception du jeune Caraman, les entretiens que j'ai eu avec le
marquis de Gand, ce que j'ai vu, les
demi-confidences qui m'ont été faites,
je puis assurer, et Deleutre, je crois,
ne le démentiroit pas, que le véritable
motif de cette réunion étoit de préparer
l'insurrection du mois de juillet, de se
concerter avec toutes les loges, de lier
le parti de Necker à celui d'Orléans, de
séduire les deux régimens, et d'assurer
d'avance, les élections. La cour s'alar-
ma; le roi défendit la fête, et le grand

maître privé de sa *grande* réunion ; se
rendit dans les différentes loges sous
prétexte de les visiter , et fit partielle-
ment ce qu'il voulait faire d'un commun
accord.

Tout membre a fait à l'ordre le sacrifice de sa vie, et l'ordre en dispose sou-
vent si cela est utile à ses intérêts.

Toutes les cérémonies des loges ordinaires , quoique conformes au but de
l'association , puisqu'il n'y est question
que de venger la mort d'un certain *Hi-*
ram , architecte du *temple de Salomon,*
ne servent qu'à masquer la constitution
de l'ordre , et à éprouver ceux qu'on
appellera à connoître le grand secret; car
on ne peut se présenter soi-même au
chapitre, quand même on en connoîtroit
l'existence.

Il y a donc en Europe une foule de
loges maçonniques; mais elles ne signi-

fient rien sous le rapport politique ; ce
ne sont que de véritables *séminaires*.
Les vrais maçons Templiers ne sont que
cent-huit sur la terre : ce sont eux
qui, par vengeance, par ambition et par
système, ont juré le massacre des rois
et l'indépendance de l'univers (1).

Deux souverains seuls ont su toute la
vérité sur la maçonnerie, et ne l'ont pas
craint : c'est Frédéric et Catherine. Le
roi de Prusse actuel, qui est grand-maître d'une loge d'illuminés, n'est que la
dupe d'une comédie insignifiante, mais
il est entouré d'initiés ; et quand leur
parti sera plus fort, Guillaume subira le
sort du roi de Suède.

Le duc de Sudermanie n'est pas le
seul prince initié. L'oncle de Guillaume

---

(1) Dans l'étude qu'on peut faire de ces différen-
tente sectes, il faut toujours distinguer les
Initiés des *Francs-Maçons*.

est Templier (1) Le prince Potemki, ce fameux minstre de Catherine, son amant, et l'assassin de Pierre III, étoit Templier. On croit que le grand-duc est initié, et que c'est un des motif qui lui ont fait refuser la couronne à sa majorité.

Tel est en peu de mots, le mystère de la franc-maçonnerie, dénié, ignoré, ridiculisé pendant cinq siècles. Cela peut paroître une fable à celui qui ne connoit pas les ressources imenses de cette secte; mais qu'il soit admis une fois dans une simple loge, et l'esprit qui y règne, lui fera juger de celui qui doit animer les chefs.

---

(1) C'est sous ses auspices que les meneurs voulurent, en 1792, envoyer à Berlin le C. L... d d'Av.., auteur dramatique, pour organiser une révolution qui mit Henri à la tête du gouvernement. L'auteur qui n'étoit point Templier et qui craignoit d'être pendu, refusa très-sagement.

Que n'auroient point fait, en France, les sectateurs de Molai, si l'horreur de la tyrannie, si le sentiment de la véritable liberté n'avoient amené le 9 thermidor! Pendant quelque temps, on crut au règne des lois; les Jacobins, par-tout démasqués, cachoient dans l'ombre la honte et le mépris dont ils étoient couverts : mais ils ourdissoient de nouvelles trames; ils aiguisoient de nouveaux poignards, et le massacre de vendémiaire, la révolte de Grenelle, le complot de Babœuf, prouvent ce qu'ils espèrent, ce qu'ils méditent encore.

Comment se fait-il, dira l'homme sensé, qu'il se trouve des hommes assez crédules, assez superstitieux pour se fier aux promesses d'un Cagliotro ou d'un duc d'Orléans. Comment les initiés eux-mêmes peuvent-ils croire qu'ils feront adopter universellement leur doc-

trine régicide. C'est qu'ils connoissent
bien les hommes qu'ils emploient et
ceux qui veulent tromper.

La crédulité ne décroit point en raison du progrès des lumières chez un peuple. Il n'est point de fable, quelqu'ab-
surde qu'elle soit, qu'on ne puisse
accréditer, même parmi les hommes
éclairés. Nous avons vu, dans ce siècle
penseur, de graves magistrats, des écri-
vains distingués, des prélats, des savans,
des philosophes, ajouter foi aux romans
les plus bizarres, aux momeries les plus
ridicules. Je vous en atteste, vous qui
avez été témoins des convultions de
Saint-Médard, ou de celles de *Mesmer;*
vous qui avez été la dupe des souffleurs
d'Hermès Trismégiste, ou de la baguette
de *Bléton.* Il n'est point d'année, point
de mois, point de *jour* ou un charlatan
n'éblouisse Paris par son adresse ou par

son audace. L'invraisemblance des faits qu'il présente n'est point un obstacle; elle est au contraire un garant de son succès. Quand je songe à toutes les sottises qui ont occupé sérieusement les Français, depuis qu'ils ont l'ogueil de se dire instruits et policés, je suis tenté de remplir le vœu de Voltaire, qui pensoit que l'histoire des *égaremens de l'esprit humain* seroit plus utiles que l'histoire politique de quelques nations, et qui désiroit qu'un écrivain fût assez courageux pour entreprendre ce grand et curieux ouvrage. En effet, parcourant les journaux du temps, les annales de la littérature, les collections académiques, nous verrons à chaque instant les hommes qu'une éducation soignée sembloit devoir prémunir contre une aveugle prévention, s'enthousiasmer, se diviser, se quereller même pour des

contes si peu vraisemblables, que les
contemporains, peu de temps après, ne
peuvent concevoir comment ils ont pu
s'occuper de pareilles puérilités.

Que le peuple soit effrayé de l'annonce
d'une comète chevelue, qui doit passer
près de la terre ; qu'il ajoute foi à l'apparition subite d'une *harpie* (1), sur les
côtes de Normandie, et qu'après avoir
éprouvé la crainte la plus sotte, il s'a-
muse avec l'image de ce monstre allégo-
rique , et le place jusque sur le bonnet
des femmes : voilà ce que le philosophe
observateur peut très-bien expliquer.
Mais qu'un homme érudit et profond,

_____

(1) On a représenté *Calone* sous la figure
d'une des harpies dont parle Virgile, et à laquelle il donne le nom de *Celano* (anagramme
de Calone.) On a répandu que ce monstre étoit
sorti de la Manche, et qu'il dévastoit la Normandie. Que de badauds l'ont cru !

H »

comme dom Calmet, fasse un volume
pour prouver l'existence des *vampires*,
des *incubes* et des *succubes*, qu'il appuie
ses prétendues preuves de l'autorité des
magistrats, et qu'il leur donne tous les
caractères possibles d'authenticité, que
les sociétés savantes de l'Europe se que-
rellent pour savoir si un enfant peut
avoir une dent d'or; que, dans notre
siècle, on croie encore à la vertu des
talismans, à la transmutation des métaux, aux androgynes, à la médecine
universelle : voilà ce dont on peut diffi-
cilement donner la raison.

Les encyclopédistes n'ont pas craint
de consacrer dans leur immortel recueil,
le rêve de Valescus de Taranta, qui af-
firme que dans une ville du royaume
de Valence, il y avoit une abbesse cour-
bée sous le poids des ans, à qui, tout-à-
coup, les règles parurent, les dents se

renouvelèrent, les cheveux noircirent, la fraîcheur et l'égalité du teint revinrent; les mamelles, flasques et desséchées reprirent la rondeur et la fermeté propre au sein d'une jeune fille, à qui il ne manqua rien des attributs de la plus parfaite jeunesse.

Eh! pourquoi les encyclopédistes auroient ils rougi de rapporter cette absurdité, puisque les académies ont accueilli de semblables sottises. Ne trouve-t-on pas, dans leur collection (1), le rapport fait à l'amirauté de Brest, de la découverte d'un triton ou d'un homme marin, qui sortit du fond la mer, pour examiner des vaisseaux en rade, et qui fut assez long-temps visible pour se laisser dessiner, trop rusé cependant pour se laisser prendre, n'y voit-on pas un ser-

_____

(1) Mémoires de l'académie des sciences de Paris.

pent du nouveau monde qui avale un
bœuf, et d'autres miracles aussi surpre-
nans. Mais ce qui est plus extraordinai-
re, on apprend, sur la foi de *Bartholin
Deusing*, qu'à Redzgendorff, près Ham-
bourg, en 1592, une femme mit au
monde une fille; que cette petite fille,
huit jours après sa naissance, jeta tout-
à-coup de hauts cris, et parut agitée de
convultions extraordinaires : on la dé-
barrassa de ses langes, dit le savant ;
mais quelle fut la surprise des specta-
teurs! ils virent une *petite fille*, que
celle-ci venoit de mettre au monde; elle
étoit de la grandeur du *Medius* de la
main : on trova aussi l'arrière-faix,
etc. ; on la baptisa, et le lendemain elle
mourut avec sa petite mère... On a cru
cette impertinente imposture, que ne
croira-t-on pas! Il est donc vrai de dire
que le merveilleux plaît universellement:

qu'il sera toujours accueilli, préféré par
les peuples, quelque soit le degré de
leur civilisation , tandis qu'ils dédaigne-
ront l'étude simple de la nature.

C'est l'amour du merveilleux qui donna naissance à toutes les théologies ,
à toutes les croyances des nations ; et
c'est avec lui que Zoroastre, Jésus et
Mahomet ont fondé leur religion. Sou-
vent la chose la plus commune étonne et
provoque l'admiration, parce que celui
qui la présente en cache l'origine, en
déguise le ressort. Et ne voyons-nous p as
tous les jours les plus grossiers charla-
tans faire des dupes, parce qu'ils connoissent quelques phénomènes particu-
liers de la physique ou de la chimie (1).

Les hommes qui ont voulu prendre

_____

(1) Comus, Val, Pinetti et le Ventriloque de
la rue de Boudy, et la Poupée parlante, et Dé-
lon, etc, etc.

un grand ascendant sur leur contemporains, n'ont jamais négligé le merveilleux, puisqu'il subjugue le vulgaire, et
qu'il séduit ceux-mêmes qui se prétendent supérieurs aux autres. Mais pour
créer ce merveilleux, il faut du mystère:
aussi, depuis la plus haute antiquité
jusqu'à nos jours tous ceux qui ont fondé leur puissance sur la crédulité, ont
eu de grands secrets, qu'ils ne révéloient
qu'à des conditions extraordinaires. Ils
se sont vantés de connoissances particulières, de pratiques sublimes, auxquelles on n'étoit *initié* qu'après avoir subi
les épreuves les plus fortes, les plus pénibles ; après avoir prouvé qu'on possé-
doit une ame également inaccessible à la
crainte et aux séductions agréables des
sens. Tels étoient les mystères d'Isis et
d'Euleusis, de Bacchus, de Cérès, d'O-
ziris, de Cybelles et d'Atis ; des Mages,

des Phéniciens , des Cabalistes; tels étoient ceux des premiers Chrétiens, qui s'assembloient dans des souterrains, où ils purifioient leurs ames , en livrant leurs corps à toutes sortes de débauches (1). L'Egypte est le berceau de ces illustres mystères, de ces redoutables initiations. On les institua pour servir de base et de soutien à la théocratie, et pour perpétuer par des allégories la mémoire des découvertes astronomiques.

C'est dans ces mystères que les prêtres inventèrent la fable de l'Elysée et du Tartare, du Paradis et de l'Enfer, afin d'attacher les initiés par un espoir consolateur. Les initiés anciens, comme les modernes, faisoient un serment de garder le secret de l'ordre, et étoient punis de mort s'ils le révéloient; les épreu-

_____

(1) Questions encyclopédiques de Voltaire, att. Initiation.

res des initiés aux mystères de *Mithra*
étoient si cruelles, dit *Nonus Scholas-
ticus*, que le récipiendaire pouvoit y
perdre la vie ; celle de l'initiation éleu-
sinienne duroient quelquefois plusieurs
années.

Ce seroit peut-être ici le lieu de déve-
lopper la chaîne admirable qui lie en-
tr'elles les différentes religions du globe;
mais il serait trop long d'analyser l'ouvrage du citoyen Dupuis; et je renvoie
à sa *Religion Universelle* ceux qui vou-
dront avoir des idées claires et précises
de tous les mensonges sacrés, et des dogmes dictés par les prétendues divinités.

Dans un ouvrage non moins profond,
M. Pancton nous instruit des mystères
célèbre des initiations anciennes, et rien
n'est plus curieux que de voir le rapport
singulier qui existe entre la réception
d'un initié aux mystères d'Isis, et celle

d'un franc-maçon à un grade supérieur
de l'ordre établi par *Jacques Molai. La*
réception de Pythagore , que les Grecs
nous ont transmise, est la plus détaillée.
" Les prêtres, disent l'historien , plon-
gèrent le philosophe dans un lieu de ténèbres. Il y entendit le bruit des vents
dechaînés , le hurlement des bêtes fé-
roces, le sifflement des reptiles, les éclats
de la foudre. Des mains invisible le plon-
gèrent sept fois dans un fleuve, le fla-
gellèrent. Il fut environné de serpens ,
qu'il mania sans être blessé. Il passa rapidement de l'obscurité la plus grande à
la plus vive lumière. Il fut précipité du
comble d'un édifice très-élevé; il fut pro-
mené dans les air sur un char de feu ;
enfin, il fut admis dans le sanctuaire ,
ou il apprit les vérités immortelles que
les prêtres ne présentoient aux hommes
que sous le voile des hiéroglyphes. ,, Epi-

I

cure, Lycurgue et Platon, ces hommes
divins, ces sages par excellence, ces im-
mortels législateurs du monde, avoient
été de même initiés. Moïse, avant eux,
puisa dans les sombres mystères des prêtres Egyptiens ses connoissances physi-
ques, sa morale et sa politique. Il ne
faut pas beaucoup d'érudition, il ne
faut pas faire de grandes recherches pour
démontrer que toute l'antiquité fut sou-
mise à la théocratie; que la majorité des
peuples qui couvrent le globe l'est encore.

Quel que soit le motif qui ait dirigé
les réformateurs des nations, il est vrai
de dire qu'il ont toujours réussi, lorsqu'ils ont frappé les esprits par le merveilleux; lorsqu'ils se sont environnés
du mystère, lorsqu'ils ont parlé de vérités occultes dont il falloit mériter la connoissance par de grands travaux, et par
une obéissance aveugle. Numa se fit dic

ter ses lois par sa nymphe Egerie : Numa,
dit Pline, avoit le pouvoir de faire des-
cendre, sur l'autel, la foudre de Jupiter.
Les Druides, en versant devant Theuta-
tés, le sang de nos ancêtres, évoquoient
les ombres, et des fantômes venoient à
leurs ordres prononcer des oracles.

Toutes les fois que des ambitieux dé-
terminés s'accorderont pour opérer une
révoluiton quelconque, qu'ils auront un
langage mystique, qu'ils marcheront
avec audace à leur but, en affectant une
conduite austère ; qu'il prêcheront une
morale nouvelle, favorable à la multitude
ignorante et envieuse ; qu'ils augmente-
ront la supertition et sauront employer
avec art le merveilleux, ils domineront.
Robespierre a senti cette vérité de fait ;
il a voulu en profiter, mais il étoit trop
tard ; et sa fête à l'*Etre Suprême* dévoila
ses projets et hâta son suplice.

C'est dans les grands exemples de l'antiquité et dans l'ignorance de son siècle, que *Jacques Molai* prit les bases de son étonnant système. Il crut, avec raison, que s'il pouvoit établir, en Europe, une société d'hommes mus par le même intérêt, par les mêmes passions, qui voulussent s'astreindre à garder le secret de leur union, qui fissent revivre parmi eux le pratiques et la morale des anciennes initiations, ils parviendroient à renverser toutes les institutions, et à s'emparer du pouvoir. *Jacques Molai* périt victime du mauvais choix de ses initiés. Mais sa doctrine lui a survécu, et a préparé la plupart des événemens de notre révolution.

Puisse cet écrit composé pour le bien général, ne pas tromper l'espoir de son auteur !

C. G.

LA CLEF DES LOGES.

Ce n'est pas assez d'avoir développé la théorie des initiés, d'avoir dévoilé leurs crimes, il faut encore détruire leur système de fond en comble; il faut prouver aux hommes peu crédules, la véritable liaison qu'il y a entre les anciens *Templiers* et les simples Maçons; il faut leur indiquer les auteurs qui ont écrit sur l'art d'*illuminer* (c'est à-dire de fanatiser); il faut enfin donner à tous, les moyens de pénétrer dans les loges, en divulguant le mot d'ordre de tous les grades et les signes secrets qui y sont attachés.

Révélation Écossaise.

Pour bien entendre cette révélation, il faut savoir que dans les réceptions d'un maçon aux premiers grades, outre les épreuves que l'on varie au gré de chaque loge, il y a des cérémonies consacrées et par-tout usitées.

Quand on introduit le récipiendaire, il est en partie dépouillé de ses vêtemens; il porte un bandeau sur les yeux; on lui enlève tous les métaux qu'il peut avoir sur lui, on le laisse quelque temps dans une chambre noire, lui fait faire plusieurs fois le tour de la loge, et l'on appelle ces promenades *voyages*, on lui met une épée sur le cœur, on l'interroge comme un criminel, on le repousse, en le conduit sur le seuil d'un temple, on le couche sur un drap mortuaire, environné de neuf lumières, enfin, en lui ôtant son bandeau, on lui fait voir une flamme brillante et rapide qui l'enveloppe un instant et disparoît.

Tel est le cérémonial pratiqué depuis

l'origine de la franc-maçonnerie. Le capitaine Georges Smith, éccossais, nous
apprend, dans son ouvrage intitulé : *the
use and abuse of freemasonry*, que lorsqu'on reçoit en Angleterre un maçon
au grade de maître Irlandois, le vénérable lui donne l'explication sui-
vante :

" (1) Le secret des francs-maçons se
trouve expliqué par l'histoire de l'ordre des Templiers, fameux aux temps
des croisades des peuples Européens.
Leurs allégories mystérieuses représentent les persécutions de Clément V, et
de Philippe-le-Bel; le renversement de
l'ordre et la mort cruelle de l'inno-
cent Jacques Burg; de Molai, grand-
maître :

On adopta le nom de maçon, parce
qu'Aumont et sept Templiers se dé-

_____

(1) Traduction de Bonneville.

guisèrent en maçons pour enlever les
cendres de Molai.

Le mot *franc*, à la fois Anglais,
Français et Allemand, fut choisi avec
intention. Outre sa signification ordi-
naire. il rappelle encore les combats
des Templiers dans la Palestine, auxquels les Orientaux donnoient également le nom de *Francs*, de quelque
nation qu'ils fussent.

Les dignités d'une loge expriment
allégoriquement les emplois de l'ordre
des Templiers : Le *vénérable* est *le
magister Cathedrace*, les *surveillans*,
les procureurs, *procuratores*; les simples *frères* sont les simples chevaliers.

Le maître de la loge derrière sa
table, les surveillans vis-à-vis de lui
et les *frères* sur les côtés représentent exactement les anciennes sessions
capitulaires des frères ecclésiastiques.

et leurs chapitres. Le maître siége à *l'Orient* parce que c'est en Orient que l'ordre des Templiers commença à fleurir et à compter des succès.

On reçoit indifféremment dans la maçonnerie des hommes *de toutes les religions*, parce que les *Templiers* admettoient, sans distinction, dans leur ordre, des membres de l'église grecque ou de l'église latine.

La chambre noire et les frayeurs de la réception signifient que les Templiers, à leurs entrée dans l'ordre, ne prévoyoient pas que leur fidélité à maintenir sa gloire les exposeroit à l'exil, aux tortures et à d'infâmes supplices.

Le désarmement, le dépouillement des habits, le sein gauche et le genou droit découverts, signifient qu'il faut dépouiller ses anciens vêtemens pour *prendre l'habit* de l'ordre : on vous ôte vos métaux, parce que la richesse des Templiers fit naître l'envie et la cupidité des puissans et causa la ruine de l'ordre.

Les yeux bandés et l'épée sur le cœur représentent les Templiers malheureux, les *victimes* de la persécutions que des bourreaux conduisoient ainsi au supplice, ou que, sans autre cérémonie, on traversoit d'un coup d'épée.

Le candidat, placé devant le maître, est interrogé brutalement, on éprouve sa constance, etc. etc. etc. C'est encore l'emblème de la manière féroce avec laquelle les juges procédoient aux interrogatoires des Templiers, et leur offroient à choisir la liberté ou une mort infame, pour les engager à trahir l'ordre et à révéler ses mystères.

Le se serment des francs-maçons re :
présente les anciens vœux du récipiendaire dans l'ordre des Templiers; c'é-
toit aussi par un serment que les Templiers s'engageoient tous à cacher les
mystères révélés dans leur ordre.

Après le serment, on reconduit le
candidat sur le seuil du temple, et
cette conduite est accompagnée d'un
grand nombre de cérémonies : c'est
l'emblême des périls où le frère est
exposé par ses engagemens envers l'ordre des *Templiers*.

On ôte au candidat son bandeau :
il est frappé d'un trait de lumière qui
s'éteint tout-à-coup : au même instant
on lui crie à l'oreillle : *sic transit glo-
ria mundi* (Ainsi passe la gloire du
monde). Il voit toutes les épées des
frère tournées contre son cœur. C'est
l'emblême de l'anéantissement de la

splendeur extérieure de l'ordre des
Templiers, et de tous les glaives de
mort altérés du sang de ses fidèles
chevaliers.

Les trois grades de la maçonnerie
représentent les trois périodes des progrès de l'ordre; c'est l'emblème du
triple généralat des Templiers.

Dans la seconde période de l'ordre
des *Templiers*, il y avait six généraux
ou six chefs, ce qui explique le nombre *six* du grade de compagnon dans
la maçonnerie.

En sa plus haute splendeur, l'ordre
des Templiers avoit neuf ou *trois fois
trois* généraux; on donna ce nombre
au grade de maître maçon: le nombre
neuf n'étoit pas consacré sans causes
dans l'ordre des *Templiers*. Neuf chevaliers s'étoient d'abord réunis comme
fondateurs de l'ordre, et s'étoient en

suite séparés par trois, jusqu'à ce que
le roi Baudouin leur eût accordé, pour
demeure, la maison du Temple. *Trois
fois neuf* chevaliers ou vingt-sept chevaliers conservèrent l'ordre jusqu'en
1727, ou ils députèrent *neuf* chevaliers au concile de Troyes, pour ob-
tenir la règle de l'ordre. Ensuite les
vingt-sept chevaliers se partagèrent en
trois logemens, et ils choisirent Jérusalem, Alep et Césarée. Chaque lo-
gement se trouva composé de *neuf*
chevaliers. Voilà ce qui explique la gra-
dation mystérieuse du nombre trois
jusqu'au nombre neuf, qui *brille émi-
nemment* dans la franc-maçonnerie.

Le récipiendaire, dans la maçonnerie, reçoit un tablier blanc et des gants,
emblêmes de l'*investiture* des Templiers ; la truelle est un des côtés de la
croix de l'ordre, qui doit rester cachée.

K

Les Templiers militaires et disper-
sés avoient leurs signes et leurs mots
de passe pour se reconnoître en temps
et lieu; et cela fit naître l'idée d'en
donner aussi aux francs-maçons. Le
signe du cou, qu'on feint de se cou-
per, et la main sur le cœur, et les
différens signes des grades d'apprentif,
de compagnon et de maître, ont rapport aux vengeances que les restes généreux des Templiers *ont su tirer* de
ceux qui les avoient trahis.

Les mots *Jachin*, *Booz* et *Macbenac*, méritent une attention toute
particulière. Ils éternisent, sans qu'on
s'en doute, dans l'ordre des francs-maçons, le nom de l'infortuné grand-
maître de l'ancien ordre des Templiers. Les trois lettres initiales donnent J. B. M., c'est-à-dire, d'après le
chiffre maçonnique *Jacques Burg Mo-*

lui, dont l'histoire est allégoriquement conservée au grade de maître, sous le nom du grand-maître *Hiram*, massacré par ses compagnons, au temps de Salomon.

Le titre de frère qu'on accorde au candidat, après sa réception, et le baiser que le maître de la loge lui donne en le recevant dans la société des *frères*, sont l'emblème de la fraternité et des baisers en usage dans l'ancien ordre : *Osculum fraternitatis.*

Les neuf lumières autour du maître assassiné, représentent évidemment le grand-maître des *neuf généraux* de l'ordre des Templiers : le mot sacramentel et la réponse des surveillans *la chair quitte les os*, ne sont applicables qu'aux restes desséchés et brûlés du grand-maître.

Les trois voyages que le frère ma-

çon, comme maître, fait de l'Orient
à l'Occident, de l'Occident au Midi,
du Midi à l'Occident, sous l'inscrip-
tion du *memento mori* (pense à la
mort), représentent les voyages de
Molai, parti du chef-lieu du grand
généralat, établi dans l'île de Chypre,
pour arriver à Paris; reparti de Paris
en cour de Rome pour sa défense, et
ensuite renvoyé par le pape à Paris pour
son jugement.

Les trois coups que le maître, à sa
réception, reçoit des frères armés de
rouleaux de papiers, représentent allégoriquement les accusations, le jugement et la mort du grand-maître.

Les traîtres et les meurtriers sont
Noffodei, le Pape, Clément V et Philippe-le-Bel, roi de France.

La couleur bleue, attachée au grade
de maître, est la couleur adoptée par

l'ordre secret des Templiers militaires, et c'est pour cela que l'on est armé en loge dans les trois grades de la franc-maçonnerie. L'épée nue à l'ouverture de la loge, indique l'ordre militaire et la chevalerie des anciens Templiers ,,.

Pour donner au récipiendaire une grande curiosité et lui inspirer le désir de mériter l'*initiation politique*, le vénérable termine l'instruction intéressante qu'on vient de lire par cette phrase remarquable : " Si l'on révéloit entièrement notre histoire *secrète*, donnée au plus haut grade de la maçonnerie, RIEN ne seroit trahi, on n'auroit que l'enveloppe impénétrable de nos mystères ,,.

Quel doute peut-il rester maintenant sur l'identité de la société des Maçons et l'ordre des *Templiers*; quel œil peut se refuser à voir le but ou ils tendent.

K 9

(114)

Maçonnerie Jésuitique.

J'ai dit que les Jésuites étoient initiés, et cette assertion a besoin de preuves : j'espère qu'on les trouvera dans leur histoire, leurs procès, leurs écrits, et dans l'ouvrage intéressant de George Smith (1).

Les règles et constitutions des Jésuites, quelqu'obscures qu'elles soient, laissent entrevoir des vues ambitieuses. Il étoit défendu, sous les peines les plus graves, de les communiquer aux externes et aux novices. Le noviciat de probations duroit deux ans, et, pendant ce temps, on soumettoit les jeunes gens à des épreuves dont les constitutions ne parlent pas, mais qui étoient si pénibles que le général recommande, dans les réglemens,

_____

(1) The use and abuse of free-masonri. London Kearsley.

de les faire subir avec précautions, de
loin en loin, et de manière à n'altérer
ni la santé, ni la raison de l'aspirant.
On a su, par le procès d'un régicide en-
doctriné par les *Jésuites*, qu'ils avoient
dans leurs maisons une chambre noire
ou cachot dont les murailles peintes re-
présentoient les enfers. C'est là qu'ils
mettoient les novices pour les éprouver;
c'est là qu'on leur faisoit prêter le serment de ne jamais révéler ce qui se pas-
seroit dans l'intérieur de leur maisons,
et qu'ils juroient d'obéir aveuglément au
général entre les mains duquel ils se mettoient *comme un bâton ou un cadavre*
qu'on remue à son gré (1). Ce vœu d'o-

_____

(1) Voyez le rapport fait aux chambres du
parlement assemblées le 17 avril 1761, et le
compte rendu de M. Joly de Fleuri, le 7 juillet suivant.

béissance aveugle devoit être gardé lors
même qu'ils devenoient évêques.

Dans leurs maisons étoient établis des
espions sous le titre *d'admoniateurs*,
qui correspondoient avec le général, *en
style mystique et en chiffres*. Ils avoient
d'autres espions dans la société, qui,
quoique reçus jésuites, *n'en portoient
pas l'habit*.

C'est par un acord parfait de moyens,
qu'ils parvinrent à se répandre par-tout.
En 1710, la société comptoit 612 col-
léges, 340 maisons de résidence, 59
noviciats, 200 missions, 24 maisons
professes: en tout, neuf mille neuf cent
quatre-vingt-dix-huit jésuites (1).

Leur espionnage et leurs mystères auroient peu de rapport avec les initiations
des Templiers, si leurs doctrine et leurs

_____

(1) Même rapport de M. Joly de Fleuri.

crimes n'étoient pas les mêmes. Pour
avoir une idée de leur puissance secrète
et de leurs forfaits politiques, il faut
analyser l'arrêt du 6 aout 1792 et ses
motifs.

En 1593 et 1594, cinq conspirations
éclatent contre Elisabeth, et les Jésuites
en sont reconnus les auteurs.

En 1595, ils excitent une révolute
dans la ville de Riga en Livonie.

En 1597, nouveau complot contre
la vie de la reine d'Angleterre, par
Edouard Sqairro, qui avoue dans les
tourmens, que les Jésuites l'avoient en-
gagé sous le sceau du serment, à commettre ce crime.

En 1598 et 1599, les Jésuites paient,
confessent et communient des assassins
pour massacrer le prince d'Orange. A la
même époque, en Styrie en Carinthie,
en Bavière, en Transylvanie, en Po-

(118)

logne, en Suède, ils excitent des révoltes contre l'autorité souveraine.

En 1600, *Emanuel Sa* et *Tolet*, *Jésuites*, publient une apologie du régicide.

En 1605, les *Jésuites Oldercorn*, *Gérard Tesmon*, *Baudouin*, préparent une mine pour ensevelir, dans un même instant, sous les ruines du palais de Westminster embrasé, le roi d'Angleterre, les princes du sang, les évêques et les pairs, les députés des villes et bourgs du royaume. *Oldercorn* fut exécuté le 3 mai 1606, les autres échappèrent (1).

Dans la même année, les *Jésuites* introduisent auprès de Sigismond, roi de Pologne, un imposteur dont les intrigues

_____

(1) Ce complot est célèbre sous le nom de *conspiration des poudres.*

excitent une guerre civile et font périr le grand duc de Moscovie.

En 1605 encore, ils prêchent à Venise contre le sénat, et y excitent un soulèvement; ils agissent de même à Dantzic et à Torn.

En 1622, 1626 et 1634, ils excitent de nouveaux troubles en Pologne; ils soufflent leur rage révolutionnaire aux habitans de Cracovie, qui s'arment les uns contre les autres.

En 1723, Pierre-le-Grand ne trouve de sûreté pour sa personne qu'en expulsant les *Jésuites.*

En 1745 le *Jésuite Benzi* se met en Italie, à la tête des Mamulaires.

En 1755, les *Jésuites* du Paraguay conduisent les habitans de ce pays en bataille rangée contre leurs souverains,

En 1758, le roi de Portugal est assassiné à la suite d'un complot tramé par les

Jésuites *Malagrida Mathos et Alexan-dre* (1).

Au nombre de ces crimes, je n'ai point rappelé les assassinats de Henri III, Henri IV, Henri VII, empereur, et de Louis *XV*.

Tant de crimes et tant de meurtres avoient besoin d'être préparés par des séductions, des insinuations perfides, par des écrits immoraux, des prédications incendiaires : aussi leurs ouvrages contiennent-ils les principes les plus abominables. Deux *Jésuites* ont fait l'apologie du sacrilège, trente-quatre celle du vol, cinq celle du parricide, trente-six celle de l'homicide, cinq vantent la magie comme une science utile, deux se font les apôtres de l'idolâtrie, dix-sept professent que l'adultère, l'impudicité, la pédératie, n'ont rien qui offense les

_____

1 Voyez l'Encyclopédie, art. Jésuites.

lois de la nature ; vingt-neuf justifient le
faux, le parjure, le faux témoignage ;
enfin soixante-quinze ont écrit *sur l'excellence du régicide* (1) et le placent au
rang des vertus les plus sublimes.

Une pareille doctrine, soutenue par
le poignard et le poison, ne pouvoit
manquer de jeter le trouble dans tous les
Etats, de soulever contre eux tous les
souverains, de leur attirer des persécutions. Aussi ne furent-ils pas long-temps
soufferts dans les pays ou ils conspiroient
ouvertement.

Ils furent chassés (2)

De Sarragosse .	. . en	. . .	1555
De la Valteline	. . en	. . .	1568
De Vienne	. . . en	. . .	15.8

---

(1) Assertions dangereuses des Jésuites, 1 vol,
in-4°., bibliothèque nationale, sous n. 1852

(2) Rapport fait au parlement, les chambres
assemblées, le 8 juillet 1.01.

L

D'Avignon . . en. . . . à 1570
De Ségovie, d'Anvers, de Portugal en 1578.
D'Angleterre . . . en. 1578, 1581, 1582.
De Hongrie et de Transylvanie en . ♥. 1588
De Bordeaux . . . en. 1589
De toute la France . en. 1594
Des Provinces-Unies en. 1595
De la ville de Tournon en. 1.97
Du Bearn . . . en. 1.99
D'Angleterre . . . en. . . 1601, 1604,
De Dantzic et de Thorn. en . . . . 1606.
De Venise . . . . en . . 1606, 1612.
De Bohême . . . en . . . . 16 8.
De Moravie . . . . en 6.9
De Hongrie et de Pays-Bas en . . . 1622
De la Chine et de l'Inde en . . . . . .
De Malte . . . . en . . . . 1643.
De Russie . . . . en . . . . 1676.
De Savoie. . . . en . . . . 1739.
De Portugal . . . en . . . . 1759.
De Rome . . . . en . . . . 1716.
De France . . . . en . . . . 172.

Ces rapprochemens singuliers, en prouvant jusqu'à l'évidence que les Jésuites avoient un génie révolutionnaire, analogue à celui des Templiers, laisse-roient encore beaucoup de doute sur leur identité avec les initiés conspira-teurs, si le capitaine George Smith, par ses savantes recherches, n'avoit prouvé que les mystères des Jésuites, leur correspondance hiéroglyphique, les épreuves auxquelles ils soumettroient les novices, enfin leur constitution secrète, n'étoient qu des pratiques maçouniques.

La nécessité de correspondre pour soutenir, par les mêmes moyens, leur système dans les différens pays qu'ils habitoient, leur fit adopter l'écriture chiffrée. Ils prirent cette méthode des initiés antiques.

« Les Basilidiens, les Capocratiens et toutes les sectes Gnosticiennes, avoient une image, ou étoit gravé le mot ABRASAX, qui, analisé par le calcul des lettres de l'alphabet grec, donne, pour nombre total, 365, ce qui, pour les Gnosticiens, vouloit désigner la révolution annuelle du soleil, et dire à chaque initié, *tu marches sous l'œil de la nature ,,.*

Ainsi, dit Smith, les *Jésuites* exprimoient les lettres par le nombre égal au rang qu'elles tiennent dans l'alphabet, et se servoient de *lettres* pour exprimer des chiffres: par ce moyen, il leur fut facile de correspondre sans qu'on put les deviner.

" Les grades de leur ordre étoient copiés sur les grades maçonniques et les lettres initiales des titres qu'ils prenoient, et des mots de passe sont les mêmes ,,.

Grades Maçonniques.

Apprentif . . .	Tubalcaïn . . .	T.
Compagnon . . .	Schiboleth. . .	S.
Maitre	Chiblim . . .	C.
Maitre Ecossais .	Notuma	N.

Grades Jésuitiques.

1er Jésuite .	. Temporalis . .	T.
2me. Jésuite .	. Scholasticus . .	S.
3me. Jésuite .	. Coadjutor . . .	C.
4me Jésuite .	. Noster	N.

« Le grade do parfait maçon ou maître écossais, qui répond au 4e. grade des Jésuites *Noster*, a encore une autre analogie, en donnant aux lettres de MASON, qui en Anglois veut dire *Maçon*, la valeur de leur rang dans l'alphabet, ainsi :

M est la douzième lettre de l'alphabet .	12
A la première	1
S	18
O	14
Total .	45

Reste N, lettre initiale du grade de Noster, qu'on n'obtenoit chez les Jésuites qu'à 45 ans.

« Les Jésuites, dans leurs ouvrages,

traduisent les mots *maison* et *maçon* par les mots grecs LATOMOS et LATOMIA, mais ces mots signifient autre chose : *Latomos* est proprement un tailleur de pierre, et *Latomia* signifie une carrière, une prison, une demeure secrète et cachée ; ainsi les *Jésuites* appellent les maçons *latomos*, pour indiquer des hommes enfermés en loges, des hommes ignorans ou *pierres brutes*, qu'il leur faut dégrossir et employer avec le plus grand art pour relever leur ordre ,,.

Il seroit trop long de suivre le capitaine Smith dans ses explications ; il développe parfaitement le système *Jésui*tique, et, donnant aux mots consacrés dans leur ordre la valeur numérique de leurs lettres ou aux chiffres qu'ils emploient, l'expression de leurs lettres correspondantes, il retrouve chez eux tou-

tes les expressions maçonniques, telles
que *Jakin*, *Booz*, *Macbenac*, le roman
du temple de Salomon et du grand architecte *Hiram*; enfin, l'histoire des
Templiers et leur constitution.

Ceux que l'étude a convaincus de la
puissance et de la perfidie des *Jésuites*,
applaudissent à leur destruction; ils ignorent que la bulle de Ganganelli n'a sup-
primé que leur habit, leur grand cha-
peau; mais leur doctrine, leurs liaisons
subsistent; il y a des *Jésuites* par-tout,
dans les conseils et près du directoire,
dans les tribunaux, dans les administra-
tions, à la tête des armées; il y en a
dans le parlement d'Angleterre, au Va-
tican, dans l'Escurial... Les gouvernemens les reconnoîtront un jour..., peut-
être trop tard!

Loges irrégulières.

Il y a, en Europe, une foule de so-

ciétés secrètes, dont les usages, ressemblent à la franc-maçonnerie, mais ne
tiennent point à cet ordre. Les ouvriers
qui élevèrent la tour de Strasbourg sont
les plus anciens fondateurs de ces sociétés. Ils voulurent se reconnoître dans
tous les pays, et, lorsque le duc de
Milan les manda pour construire la ca-
thédrale de cette ville, ils convinrent de
signes, et se donnèrent des grades rela-
tifs au degré d'habileté qu'ils reconnu-
rent à chacun. C'est ainsi qu'ils passè-
rent successivement à Vienne, à Co-
logne, à Zurich, à Fribourg, composant
toujours les mêmes ateliers. Beaucoup
de gens ont cru qu'ils étoient les véritables inventeurs de la franc-maçonnerie,
et cette assertion a servi de voile aux
Templiers.

Les charpentiers, les menuisiers ont
encore conservé, dans les grandes villes,
ces relations d'État.

Les forgerons, les bucherons, les charbonniers (sous le nom de *fendeurs*) ont les mêmes liaisons secrètes, et ceux qui savent leur mot de ralliement sont sûrs de trouver, dans les forêts, une active protection.

Le besoin de varier les plaisirs que l'on goûtoit dans les loges simples, fit créer la franc maçonnerie *adonhiramite*, et former des loges *d'adoptions* où les femmes furent admises. Les signes, dans ces loges, étoient des signes vraiment maçonniques, mais on n'en donnoit point l'explication aux *sœurs*. On leur apprenoit avec mystère les mots *feix-feax era-era*, qui ne signifient rien ; on leur faisoit un discours fort galant sur la faute de la femme du premier homme. On mettoit à l'épreuve leur discrétion, leur coquetterie, quelquefois leur fidélité ; on leur donnoit des banquets, des concerts.

des bals, des comédies, et aussitôt qu'elles avoient promis solennellement de
coucher avec.... *la jarretière de l'ordre,*
elles se croyoient initiées. De pareilles
loges ne durent jamais inquiéter que les
maris.

Les journaux d'Allemagne parlèrent
beaucoup, en 1786, d'une nouvelle association, sous le nom *des chevaliers
frères initiés de l'Asie.* Ces nouveaux
sectaires ont adopté un mélange de cérémonies juives, mahométanes, et chré-
tiennes, sans doute pour indiquer qu'ils
admettent toutes les religions; leur cos-
tume est espagnol, leurs mots de passe
et les noms de grades sont hébreux, tels
que *Melchisédec*, *Thumin*, *Lurim*,
Synédrion. Dans les réceptions, ils font
un grand usage de l'harmonica ; Un ar-
tiste habile à toucher cet instrument,
fut un jour invité à jouer pendant la ré-

'ception d'un initié. Voici comme il s'exprime dans une brochure que M. *Rollig* a imprimé à Berlin en 1787. L'auteur n'étoit point initié.

" Hier, vers le soir, M. N. Z. me mena à sa campagne, dont l'arrangement, sur-tout celui du jardin, est extrêmement beau. Des temples, des grottes, des cascades, des labyrinthes; des souterrains procurent à l'œil tant de diversité, qu'on en est enchanté.

J'avois été obligé de prendre avec moi l'harmonica, et de promettre à M. N. Z. de jouer seulement quelques minutes dans un endroit marqué, dès qu'il me feroit signe. Pour attendre cet instant, il me mena, après m'avoir tout montré, dans une chambre sur le devant de la maison.......... Il étoit déjà tard, et le sommeil paroissoit vouloir me surprendre, lorsque je fus interrompu par l'arrivée de quelques carrosses. J'ouvris la fenêtre et je ne distinguai rien ; mais je compris moins encore le chuchotage bas et mystérieux des arrivés. Peu après, le sommeil s'empara de moi, et après avoir dormi environ une heure, un domestique vint m'éveiller, prit mon instrument et me pria de le suivre.....

Représentez-vous ma surprise, quand ayant descendu la moitié de l'escalier, je vis un caveau dans lequel on mit, pendant qu'on faisoit une musique de deuil, un cadavre dans un cercueil ; à côté, il y avoit un homme tout habillé de blanc, mais tout rempli de sang, auquel on ferma une veine au bras ; excepté les personnes qui prêtèrent du secours, les autres étoient toutes enveloppées de longs manteaux noirs et avec l'épée nue. A l'entrée du

caveau, je vis des monceaux de squelettes d'hommes entassés les uns sur
les autres, et l'illumination se fit par
des lumières dont la flamme ressemble
à l'esprit-de-vin brûlant, ce qui aug-
menta l'horreur de cet endroit effrayant.

Pour ne pas perdre mon conducteur,
je me hâtai de retourner. Je le trouvai
qui précisement rentroit par la porte
du jardin, quand j'y arrivai. Il me
prit précipitamment par la main et
m'entraîna avec lui. Jamais je ne vis
rien qui me rappela les fables d'un
monde chimérique comme mon entrée
au jardin. Par-tout se répandit une vive
clarté, des lampions sans nombre, le
murmure des cascades éloignées, le
chant des rossignols artificiels, l'air
embaumé que je respirois, quels pres-
tiges!

On m'assigna une place derrière un

M

cabinet de verdure dont l'intérieur étoit
divinement paré. On y transporta,
peu après, quelqu'un évanoui, et tout
de suite on me fit signe de jouer. Comme
j'étois alors plus occupé de penser à
moi qu'aux autres, beaucoup de choses se perdirent pour moi : je pus cependant observer que l'homme évanoui
revint à lui, après que j'eus joué environ une minute, et qu'il demanda
avec une extrême surprise, *où suis-je;
quelle voix entends-je.* Des jubilations
d'alégresse et de tymbales furent la
réponse ; on courut aux armes, et
l'on s'enfonça dans l'intérieur du jardin,
où tout le monde fut perdu pour moi,,.

Il paroît, par cette description, que
les frères initiés de l'Asie sont de véritables *Kadosch*, qui ont varié les cérémonies de leurs réceptions.

Une des éprouves sublimes de ce grade,
est de poignarder, dans une caverne,
l'assassin d'Hiram, d'apporter sa tête
sur l'autel, et de boire dans un crâne
humain. Le récipiendaire a les yeux couverts d'un bandeau : on lui fait tâter le
cœur palpitant d'un mouton (l'estomac
de l'animal est rasé.) Pendant que le
récipiendaire, après avoir égorgé sa victime, se lave les mains, on substitue à
la tête du mouton une tête de cire en-
sanglantée, ou celle d'un cadavre que
le Franc-Maçon apperçoit quand il a les
yeux libres, et qu'on enlève à l'instant.
A la réception du duc d'Orléans, la tête
portoit *une couronne d'or* (1).

Je ne parlerai point de la loge égyptienne, établie par *Cagliostro*. Ce n'é-
toit qu'un mauvais lieu, où des actes de

---

(1) Voyez l'histoire de la conspiration de
Philippe.

débauche étoient précédés de cérémonies
lascives et de quelques signes maçonniques; mais je rappellerai qu'en 1791,
en ouvrit en France plusieurs loges, dans
l'intention de réunir les partisans de la
royauté, comme les maçons le firent à
Londres, quand ils voulurent rétablir
sur le trône Charles II, désigné dans le
roman maçonnique des Irlandais sous le
nom *du fils de la veuve*. Vingt-quatre
personnes attachées à Louis *XVI*, fa-
vorisèrent ce projet; mais comme il étoit
manifestement contraire à l'esprit des
vrais maçons, et que les vrais maçons
ne pouvoient être exclus de ces loges,
cela ne servit qu'à les irriter et à leur désigner des victimes.

Théorie des Iluminés Theosophes.

Il faudroit écrire plusieurs volumes,
si l'on vouloit expliquer toutes les chi-

mères qui composent le système des illuminés Théosophes. Tout ce qu'une imagination exaltée peut inventer de plus
bizarre a paru à *Martinès*, *Scredemborg*,
Schræpffer, et leurs disciples, des axiô-
mes de raison. Ils ont mêlé ensemble les
principes du matérialisme et de la spiri-
tualité, les dogmes du christianisme et
le système antique des deux puissances.
Leur théorie admet toutes les religions
et les bouleverse toutes ; enfin elle seroit
la plus dangereuse des croyances, si elle
n'étoit la plus ridicule.

Pour se convaincre de cette vérité, il
suffira de connoître les propositions prin-
cipale que les illuminés regardent comme
les lois de la divinité, révélées aux mortels par leurs illustres chefs... Les voici :

« Dieu n'est pas dans l'espace.

Dieu lui-même est *homme* et *l'homme
est Dieu.*

(158)

L'essence divine est amour et sagesse.

L'amour divin et la sagesse divine *sont substance et forme.*

L'usage de toutes les créatures monte par degrés, depuis l'être le plus éloigné de l'homme, jusqu'à l'homme, et par l'homme jusqu'au créateur, principe de tout.

Dieu est le même dans le plus petit comme dans le plus grand.

Dans le monde spirituel, on voit des terres, des eaux, des atmosphères, comme dans le monde naturel; mais celles du premier sont spirituelles et celles du second sont naturelles.

Le seigneur de tout, JEHOVAH, n'a pu créer l'univers, et tout ce qu'il contient, *sans être homme.*

Il existe, *dans les matières,* une force qui tend à la production des formes des êtres.

Toutes les formes des productions. de la nature présentent une espèce d'image de l'homme.

J'out ce qui est dans l'univers, considéré quant aux différens êtres, présente une image de l'homme, et *atteste que Dieu est homme.*

Il existe dans l'homme deux facultés ou principes, *la volonté* et *l'entendement,* créés pour être les réceptacles du seigneur.

La vie de l'homme est dans ses principes, et ses principes sont dans le cerveau.

La vie corporelle de l'homme existe par la correspondauce du vouloir avec le cœur, et de l'entendement avec le poumon.

Cette correspondance peut nous découvrir plusieurs choses ignorées, tant sur ce qui concerne la volonté et l'entendement, que sur l'amour et la sagesse.

Quand on connoît la correspondance du cœur avec la volonté, et celle de l'entendement avec le poumon, *on con-noît ce que c'est que l'âme de l'homme.*

La sagesse ou l'entendement tient de l'amour divin le pouvoir de s'exal-ter, de recevoir la lumière du ciel, et *de comprendre ce qu'elle manifeste.*

L'amour divin épuré par la sagesse dans l'entendement, *devient spirituel et céleste ,,.*

Laissant donc de côté toutes les rêve-ries secondaires, telles que le *mariage des anges*, le bon et le mauvais génie, qui se disputent l'empire du monde, le rapport de tous les êtres avec l'homme, la propriété des nombres, le magnétis-me et le somnambulisme, le grand œuvre et l'agent universel; remarquons seule-ment les bases principales du système.

Les illuminés prétendent que la divinité a une *substance* et une *forme*.

Ils admettent que la matière *a une force* qui tient à la production des formes des êtres.

Ils affirment que Dieu est homme et que *l'homme est Dieu*.

Ils font le ciel entièrement pareil au globe terrestre.

Ils assurent que tous les êtres ressemblent à l'homme, que l'homme ressemble à Dieu, et que l'homme, *en étudiant son ame*, parvient à s'exalter *et à participer aux connoissances de la divinité*.

Jamais croyance ne fut plus favorable à l'amour-propre de l'homme. Quoique dans ce système qui divise la matière, il reconnoisse un être plus pur et plus puissant que lui, il se regarde cependant comme une portion de la divinité. Il ne

veut obéir qu'aux lois de cette divinité
intérieure ; mais comme cet être chimérique, quoique *forme et substance*, ne
se manifeste pas visiblement, c'est en
méditant sur la force de son ame, qu'il
espère agrandir son intelligence et pénétrer les mystères de l'être suprême ;
son imagination enflammée par l'orgueil
s'exalte ; tous ceux qui l'environnent,
même les rois, lui paroissent inférieurs
s'ils ne partagent ses opinions; il prend
le langage des passions pour des oracles secrets et divins ; le fanatisme s'em-
pare de lui, il croit voir l'avenir dévoilé ; et si, dans ce moment de délire, un
esprit supérieur dirige cette ardeur et
l'emploie à l'exécution de quelque projet
politique, rien ne peut détourner l'illuminé de la route qu'il croit lui être tra-
cée par le destin ; rien ne lui paroît impossible, les partis les plus hardis sont

ceux qu'il adopte ; et si le succès ne couronne pas ses desseins, il en est quitte pour accuser *le mauvais génies qui* a eu l'avantage sur le bon.

Les Templiers et les Initiés se sont unis aux Théosophes, parceque le merveilleux a toujours été le ressort et le soutien des sciences occultes, et que le moyen le plus certain de dominer les hommes est de leur parler au nom d'une religion dont les ministres, peu communicatifs, paroissent d'autant mieux inspirés qu'ils sont plus inintelligibles.

Des signes, paroles, attouchemens et mots de passe des grades connus dans les loges régulières.

Ce seroit peu d'avoir enseigné l'origine de la franc-maçonnerie, d'avoir di-

vulgué ses secrets, si je ne donnois,
tous ceux qui ont pris ou qui prendront
intérêt à cet ouvrage, à tous ceux
qu'une véritable philantropie animera,
les moyens de vérifier ce que j'ai dit, en
pénétrant dans les loges. Les instructions
qui suivent leur en ouvriront les portes :

Grade d'apprentif maçon bleu.

Le signe est de porter la main droite
sous le menton, en faisant le geste d'un
homme qui se coupe la gorge, et de laisser ensuite tomber la main sur la cuisse
droite, en formant une équerre depuis
le cou jusqu'à l'épaule droite.

La parole est JAKIN, qui est le nom
de la première colonne du temple de Salomon, et qui signifie : *Ma force est en
Dieu.*

Le mot de passe est TUBALCHAIN,
qui veut dire, *mon espoir est en Dieu.*

L'attouchement se donne en prenant la main droite de celui à qui on veut le donner, et en appuyant le pouce sur la première jointure du doigt index.

L'âge d'un apprentif est de trois ans.

Le nom est *Louis*.

Pour entrer en loge, on frappe trois coups, deux précipités, et un troisième un peu après. II*I*.

Grade de compagnon maçon bleu.

Le signe est de porter la main droite sur le cœur, observant de faire une équerre avec le pouce et la main.

La parole est Booz, qui est le nom de la seconde colonne du temple de Salomon, et qui veut de dire, *ma sûreté est en Dieu.*

Le mot de passe, SCIBOLETH, qui veut dire, *ma confiance est en Dieu.*

L'attouchement se donne comme ce-

N

lui d'appre nti, excepté que l'on fait sur
le second doigt ce que l'on fait sur l'index.

L'âge est de *cinq* ans.

Pour entrer en loge, on frappe de
même qu'à la loge d'apprentif. II.*I*.

Maître maçon bleu.

Le signe est de poser le pouce droit
dans le creux de l'estomac, en formant
une équerre du pouce et de la main.

La parole est MACBENAC, qui veut
dire, *la chair quitte les os.*

L'attouchement est de se prendre ré-
ciproquement la jointure du poignet
droi en dedans, en appuyant les doigts
en forme de serre.

Le mot de passe est GHIBLIX, qui
veut dire, *Enfant de la Tribu.*

L'âge est 7 ans et plus.

Pour entrer en loge, on frappe trois fois
trois coups, comme les trois que l'on frap-

ce à la loge d'apprentif. II*I* II I.II*I.

Maître élu.

Le signe est de fermer la main droite
en tenant le pouce levé quand on est
en loge. On fait encore un autre signe
en prenant son poignard, comme si l'on
vouloit en frapper quelqu'un. On répond
à ce dernier en portant la main à plat
sur le front, et au premier signe, on
répond en empoignant le pouce qu'on
présente.

La parole est NEKOM, qui veut dire
vengeance.

Le mot de passe est STOKIN, nom
de celui qui venga la mort d'Hiram.

L'attouchement est de se prendre ré-
ciproquement le pouce, la main fermée.

Pour entrer en loge on frappe huit
coups précipités, et un neuvième un peu
après. IIIIIIIII.

Apprentif Ecossais.

Le signe ancien est le même que celui de maître maçon, observant de faire
la même chose avec la main gauche derrière le dos.

Le nouveau signe est de porter le
pouce droit en équerre avec la main sur
la hanche droite, et le passer jusqu'au
commencement du ventre.

La parole ancienne étoit JAKINI, le
nouveau mot est TUBALKINOS.

La passe est de s'entrelacer les doigts
en laissant pendre les bras, le dos des
mains regardant la terre.

L'attouchement est de se prendre ré-
ciproquement le coude droit, et de se
le serrer en trois temps.

L'age est de 27 ans.

Pour entrer en loge, on frappe vingt-
sept coups par trois fois neuf. lllllllll.*
lllllllll.*lllllllll.

Compagnon Ecossais.

Le signe ancien est de joindre les pouces et l'index des deux mains, en forme de triangle que l'on porte sur le front, et de là sur le nombril.

Le nouveau signe est de poser le pouce au haut de l'estomac, la main en équerre à quatre doigts au-dessous du menton, et le faire glisser jusqu'à l'épaule droite.

La parole ancienne étoit SCIBOLETTI. Le nouveau mot est, HIC JACET JAKIN.

L'attouchement est le même que celui d'apprentif écossais, excepté qu'il faut glisser les mains le long du bras, et se raccrocher par le petit doigt.

La passe est de s'entrelacer les doigts et poser les mains ainsi jointes vis-à-vis de l'estomac, le dos des mains sur la poitrine.

L'âge est 27 ans.

N 3

Pour entrer en loge, on frappe vingt-sept coup par trois fois neuf. IIIIIIIII.*IIIIIIIII.*IIIIIIIII.

Maitre Ecossais.

Le signe est de former trois triangles, le premier se fait en mettant le genou en terre, le talon gauche contre le genou droit formant un triangle. Le second se fait en mettant la main droite sur la hanche droite, le pouce en dehors, et les quatre doigts en dedans. Le troisième se fait en mettant le coude gauche appuyé sur le genou gauche, et le visage soutenu par la main.

La parole est GOMER ou NOTUMA, qui veut dire *Dieu*.

L'attouchement est de se prendre la main droite, les doigts entrelacés les uns dans les autres, et de les porter en trois temps l'un contre l'autre, depuis le ven-

tre jusqu'à l'estomac, en prononçant
MA-HA-BON.

La passe est de poser le pouce sur la
hanche gauche, et de le passer sur le
ventre jusqu'à la hanche droite, en tenant la main horizontalement.

L'âge est 81 ans.

Pour entrer en loge, on frappe qua-
tre-vingt-un coups par trois fois vingt-
sept. IIIIIIIIIIIIIIIIIIIIIIIIIII.* IIII
IIIIIIIIIIIIIIIIIIIIII.* IIIIIIIIIIIIIII
IIIIIIIII.

————————

Puissant Maitre Irlandais.

Le signe est de s'empoigner le menton avec la main droite, et de suite de
la même main de se prendre le nez par-
dessous, ensuite par-dessus entre le
pouce et l'index:

La parole est TITO.

L'attouchement est comme celui de
maitre bleu, excepté que l'on ne prend

N 3

que les trois doigts entre le pouce et le petit doigt, et l'on frappe un coup avec le petit doigt, dans la main de celui à qui vous le donnez, qui y répond de même en frappant deux coups de son petit doigt.

Le mot de passe est Xincnut, qui veut dire siége de l'ame.

L'âge est *l'âge naissant, l'âge viril, la vieillesse et la mort.*

Pour entrer en loge, on frappe quatre coups, deux précipités et les deux autres avec intervalle. II.*I.*I.

Maître Illustre.

Le signe est de porter la main droite sur la tête, qui est le mouvement que fit *Hiram,* lorsque *Stokin* lui porta un coup.

La parole est Narmarooz.

L'attouchement est de s'entrelacer les

doigts de la main droite les uns dans les autres.

Pour entrer en loge, on frappe neuf coups égaux. IIIIIIII.

Parfait Maçon.

Le signe est, 1°. de porter la main droite sur le cœur; 2°. de lever la main droite vers le ciel; 3°. de tendre la main droite horizontalement vers les frères; 4°. de laisser tomber la main vers la terre, en observant que les yeux doivent faire le même mouvement que la main excepté dans le premier signe.

La parole est GEOVA.

L'attouchement est le même que celui des maîtres bleu, excepté qu'on fait la même chose derrière le dos avec un autre maçon.

Le mot de passe est *le Mont Liban.*

Pour entrer en loge, on frappe trois

N 4

coups de maître, et un quatrième un peu après et plus fort. III. I*

Grand Elu ou Chevalier du Temple.

Le signe est d'avoir les deux mains jointes renversées sur la tête, le dedans des mains regardant le ciel, et le genou droit plié comme si l'on vouloit se mettre à genoux.

La parole est ABIRAM, NICANOR, SIDSAI, *me sont connus comme trois scélérats, qui ont privé de la lumière notre respectable maître.*

L'attouchement est de se croiser les mains l'une dans l'autre, de se tenir à pleines mains, et de serrer les doigts.

Pour entrer en loge, on frappe cinq fois neuf coups ; huit précipités, le neuvième détaché. IIIIIIII.I. IIIIIIII.I. IIIIIIII.I. IIIIIII.I. IIIIIII.I.

Attributs que portent les Maçons dans les différens grades.

Apprentif Maçon bleu.

A pour attributs un tablier de peau blanche tout uni, la bavette relevée, attachée à l'habit, des gants blancs. Il a la tête nue.

Compagnon Maçon bleu.

De même que les apprentifs, excepté que son tablier est bordé d'un ruban bleu céleste.

Maître Maçon bleu.

Il a pour attribut un compas entrelacé avec une équerre, brodés dans le milieu de son tablier, et la bavette abaissée.

Maître Elu.

Il porte pour attribut un large ruban noir, de gauche à droite où pend un poignard d'argent. Le nœud qui termine

le bas du cordon est mêlé de rouge, de
noir et de blanc; le tablier est le même
que celui des maître bleu, excepté qu'il
doit y avoir sur la bavette une tête de
mort brodée en argent.

Apprentif Ecossais.

Porte pour tout attribut son tablier
bordé de rouge.

Compagnon Ecossais.

Est décoré par un large cordon rouge
de droite à gauche, ou pend un compas
entrelacé d'un triangle : son tablier,
doublé de rouge, porte au milieu un
triangle dans un cercle brodé en or.

Maître Ecossais.

Porte le même attribut que le compagnon, excepté que sur la bavette de son
tablier qui est abaissée, il doit y avoir
trois triangles entrelacés l'un dans l'autre, brodés en or, et au milieu du ta-

'blier un autre triangle qui renferme la
lettre G.

Puissant Maître Irlandais.

Porte pour attribut une clef attachée
à la boutonnière de l'habit avec un ruban
rouge.

Maître Illustre.

Porte pour atribut une médaille de
nacre à neuf pointes, représentant d'un
côté un soleil, et de l'autre un poignard.

Parfait Maçon.

Porte pour attribut un cordon vert,
au bas duquel pend un compas ouvert
sur les deux bouts d'un quart de cercle.

· Chevalier du Temple ou Grand Elu.

Porte pour attribut un large ruban
noir bordé de blanc; au milieu du ruban,
sur l'estomac, une tête de mort brodée
en argent; un peu plus bas, deux os en

sautoir et trois larmes au dessus de la
tête. Au bas du ruban, pend une lance
d'argent. Le ruban se porte de gauche à
droite ; plus, une ceinture de crêpe noir
mise par dessus l'habit. Un mouchoir
blanc attaché au côté gauche, des gants
blancs et la tête nue,

Outre les grades qu'on vient de dé-
crire, on connoît encore ceux de *Che-*
valier Prussien, de *Commandeur d'O-*
rient, de *sublime Ecossais*, de *Grand*
Architecte, de *Chevalier Kadosch*, de
Chevalier d'Occident, *du Soleil*, ou de
la Gerbe d'Or, ou de *l'Aigle*, ou *du*
Pélican, ou de *l'Etoile*, *Noachite sou-*
verain Maçon d'Hérédan, *Prince de*
Rosecroix, *Ecossais des trois J......*,
etc. etc ; mais les précédens suffisent
pour parcourir toutes les loges, en se
faisant connoître à un maçon habitué,

en lui demandant le mot de passe du trimestre. L'auteur les a visitées, sans avoir jamais été reçu à aucun grade.

Titres des principaux Livres qui traitent des Templiers, des Initiés, et qui donnent la théorie des illuminés, des Francs-Macons etc. etc.

Les Merveilles du Ciel, par Swedemborg.

Des Erreurs et de la Vérité, par un Ph... Inc... Edimbourg, 1782.

Le Tableau naturel des rapports qui existent entre Dieu, l'homme et l'univers.

Lettres à un ami, ou Considérations politiques, philosophiques et religieuses.

Histoire des Templiers, par M. Dupuy, 3 volumes

Essai sur la secte des Illuminés, par le marquis de Luchet.

Lettres sur la Suisse, par Laborde. Paris, 2 volumes.

Les Oeuvres de Martinès, intitulées la
 Prothée, les *Axiomes*, la *Roue*, le
 Monde.

Les Oeuvres de Schœpffer, à Berlin.

Masonry dissected, ou la Maçonnerie,
 analysée par Samuel Pritchard, à Londres, chez Byfield.

Essai sur l'ordre des Templiers, par J.
 Frédéric Nicolai. Berlin, 1782.

Histoire des Templiers, par le docteur
 Antoine Geschicte.

The use and abuse of free Masonry,
 London, *Kearsley*, ou Histoire de
 l'origine et de l'antiquité de la Franc-
 Maçonnerie, par le capitaine George
 Smith, inspecteur de l'école militaire
 à Wolwich.

Les Constitutions maçonniques, impri-
 mées à Londres en 1723.

Essai sur la Révolution du Brabant, par
 Lesueur.

Procédure instruite à Rome contre Cagliostro. Paris, 1791, chez Onfroy,
 rue Saint-Victor.

Monas hieroglyphicabylohn Dee, 1566.

Naometria, ou la Mesure du Temple, par le même *John Dee*.

Nova Atlantis, par le chancelier Bacon de Verulam.

La Mythologie chrétienne, par Valentin, 1618.

Les *Jésuites* chassés de la Maçonnerie, par Nicolas Bonneville, 1788.

The Constitution of the antient and honourable fraternity of free and accepted masnos. London, 1767.

Nouvelles authentiques des chevaliers et frères Initiés de l'Asie, par Frédéric de Bascamp, nommé *Lasapoloki*.

L'Etoile flamboyante, 2 vol. in-12. Paris, 1786.

L'Encyclopédie, articles *Francs-Maçons Templiers, Théosophes, Illuminés.*

Catéchisme des Francs-Maçons. Paris, in-12.

Religion universelle, ou Essais sur l'ori-

. gine de tous les Cultes, par le citoyen
Dupuis, représentant du peuple.
Assertions dangereuses des *Jésuites*, vol.
in 4°. Bibliothèque nationale, n°.
1852.
La Sagesse angélique. Paris, chez Pé-
risse, 2 vol. 1786.
Arcanes célestes, ou les Merveilles vues
dans le monde des esprits. Londres,
1758, 8 vol. in-4°.
Du ciel et de l'enfer. Lond. 1728, in-4°.
Du Cheval blanc de l'Apocalypse, par
Swedemborg. Londres, 1758, in-4°.
Du commerce de l'ame et du corps, par
le même. Londres, 1769, in-4°.

NOTA.

Une observation qui n'échappera point
sans doute à nos lecteurs, c'est que les
ouvrages des illuminés se sont multipliés,
sur tout en 1782, 1786, 1788 et 1791,
c'est-à-dire, pendant que notre révolution se préparoit ou s'effectuoit; c'est
que dans ce moment les loges s'ou-
vrent et se rétablissent par-tout.

FIN.